JN411529

벽과 담쟁이

펴 낸 날 2017년 1월 20일

지 은 이 정운복
펴 낸 이 최지숙
편집주간 이기성
편집팀장 이윤숙
기획편집 허나리, 윤일란
표지디자인 허나리
책임마케팅 하철민, 장일규
펴 낸 곳 도서출판 생각나눔
출판등록 제 2008-000008호
주 소 서울 마포구 동교로 18길 41, 한경빌딩 2층
전 화 02-325-5100
팩 스 02-325-5101
홈페이지 www.생각나눔.kr
이 메 일 webmaster@think-book.com

• 책값은 표지 뒷면에 표기되어 있습니다.
ISBN 978-89-6489-673-0 03810

• 이 도서의 국립중앙도서관 출판 시 도서목록(CIP)은 서지정보유통지원시스템 홈페이지(http://seoji.nl.go.kr)와 국가자료공동목록시스템(http://www.nl.go.kr/kolisnet)에서 이용하실 수 있습니다(CIP제어번호: CIP2016032546).

벽과 담쟁이

정운복 • 감성에세이

편안한 일상의 글들을 만나다

척박한 벽에 의지하여 살아가는 담쟁이를 보면서
우리가 가진 것이 없다고 해도
한 떨기 꽃을 피워내지 못할 이유가 없다는 생각이 들었습니다.

생각나눔

차 례

1장 고슴도치 사랑

2장 인생 2모작

3장 **인생의 나이테**

4장 **차 한잔의 여유**

5장 벽과 담쟁이

1 장

고슴도치 사랑

'고슴도치 사랑'이라는 표현이 있습니다.

고슴도치는 그 가시 때문에

너무 가까이 가면 서로에게 상처를 주기 때문에

진정으로 사랑하려면 적당한 거리를 두는 것이 좋다는 말이지요.

 부끄러움에 대하여

작년에 텃밭에 뿌려놓았던 고들빼기를
1년을 기다려 캤습니다.
밭에 심어 놓아 그런지 어린 인삼처럼 뿌리가 실합니다.
살짝 데쳐서 초고추장에 버무려 놓았더니
쌉쌀한 것이 잃었던 입맛을 돌리기에 안성맞춤이었습니다.

오늘은 부끄러움에 대하여 알아보고자 합니다.
恥 자는 耳와 心으로 이루어진 글자입니다.
'부끄러울 치' 자이지요.
누군가를 사랑하게 되면 생각만 해도(心) 웃음이 나고
얼굴이 붉어지고 귀(耳)가 빨개집니다.
이는 마음의 변화가 얼굴에 드러나기 때문이지요.

마음의 변화가 얼굴에 잘 드러나지 않는 사람을 일컬어
포커페이스(Pokerface)라고 합니다.
한마디로 말하면 '감정을 알 수 없는 표정'이라고 할 수 있지요.
감정의 기복이 얼굴에 드러나지 않으니
일상생활에서 남에게 나의 진위를 숨김으로써
얻어지는 이익도 있을 겁니다.
하지만 속으로 숨겨야 하는 스트레스와 무미건조함이 남을 수 있지요.

예로부터 예의염치(禮義廉恥)라는 말이 있고
후안무치(厚顔無恥)라는 말씀도 있습니다.

제나라의 재상 관중은
예(禮)란 정도를 넘어서지 않는 것이고
의(義)란 출세를 위하여 정의를 저버리지 않는 것이고
염(廉)이란 자신의 악을 감추지 않는 것이고
치(恥)란 올바르지 않은 일에 굴복하지 않는 것이라 했습니다.

후안무치(厚顔無恥)는 얼굴이 두꺼워
부끄러움을 모르는 사람이라는 의미이지요.
면장우피(面張牛皮, 얼굴에 쇠가죽을 씌움)이나
철면피(鐵面皮, 얼굴에 철로 가면의 씌움)와 같은 뜻이랍니다.

부끄러움을 부끄럽다고 느끼는 사회가 되어야 합니다.
하지만 주위를 둘러보면 부끄러움을 느끼지 못하는 경지를 넘어
뻔뻔함이 활개 치고 있음을 봅니다.

공자는 부끄러움을 일컬어
'모든 사람이 진정함과 나아감을 가능케 하는 추동력'이라고 했습니다.
어떤 시인은 "이제 세상 엉망인 이유에 내 책임도 있으니,
사십이 되면 더 이상 투덜거리지 않겠다."라고 했습니다.

남을 무시하고 심지어 모함하면서

높은 위치로 오르려는 사고가 통용되는 사회,
비판보다는 오히려 추세에 영합하려고 애쓰는 사회,
법은 물론 문화와 사상,
가치체계마저도 흔들리는 사회에 우리는 살고 있습니다.
그런데도 우리 것은 없고, 내 것만 있는 세상을 동경하고
부끄러움은 없고 잘난 체만 하는 세상을 꿈꿉니다.

가치관의 빈곤을 가져와서는 안 됩니다.
어쩌면 저도 부끄러움을 모르는 공범자인지도 모르겠습니다,

 새 신발 신던 날

몇 년 동안 신어 뒷굽이 닳고 해진 구두를
뒷굽을 갈고 깔창을 갈아 쓰다가 이제 수명이 다한 듯 보여
지난 일요일 구두점을 찾았습니다.

옛날에는 구두를 맞추어 신었는데
요즘은 기성화가 대세인 것 같습니다.

새 신을 신고 출근하는 아침

발이 왜 그리도 불편한지요.

발에 꼭 맞는 오래 신은 신발은
신을 신고 있다는 관념이 없었습니다.
신을 잊고 살아온 셈이지요.

그러나 새 신에 발이 적응이 안 된 상태에서는
조금만 걸어도 여간 신경 쓰이는 것이 아니었습니다.

신발은 번쩍거리고 요즘 유행에 맞아 멋스러웠지만
그것이 불편함을 해소해 주지는 못했습니다.

사람은 오래 사귄 친구가 편하고 좋습니다.
나무도 오랜 시간 동안 말려야 뒤틀림이 없습니다.
와인도 오랜 시간 동안 숙성해야 짙은 향을 냅니다.
사랑이나 우정도 시간이 오래 되어야
세월이 빚어낸 향기를 낼 수 있습니다.

저녁때 집에 들러 다 닳은 신을 갈아 신고 학교에 나왔습니다.
얼마나 발이 편한지요.
하지만 그 편안함은 금방 잊히고 말았습니다.
어쩌면 이렇게 깊이 생각하지 못하는 일상화된 주변이
가장 아름답고 소중한 것인지 모릅니다.

물론 새 구두를 길들여 오랜 동무로 지내야겠지만
오늘 새 구두는 많은 것을 일깨워주었습니다.

 더불음

춘천에 가면 소나무 가로수가 있습니다.
소나무는 값이 비싸고 병충해에 약하기 때문에
가로수로 적합한 수종은 아니지요.

우리나라처럼 소나무 사랑이 강한 민족도 드물 것입니다.
민화에 등장하는 나무 대부분이 소나무인데요.
그 소나무들은 대체로 곧고 바로 선 나무가 없지요.
이리 휘어지고 저리 틀어지고…. 인고의 세월 속에서
갖은 풍상을 이기고 자란 은근과 끈기의 모습 그대입니다.

아이러니하게도 곧게 자란 나무보다도
비비 틀어진 나무에 정감이 더 가는 것은
그것이 우리의 정서에 맞기 때문일 겁니다.

이토록 소나무 사랑이 애절한데도

소나무는 사군자 안에는 들지 못하였습니다.

사군자는 매난국죽(梅蘭菊竹)이지요.
각 계절마다 고풍스럽고 단아하며, 기품 있고 지조 있는 식물에
대표성을 부여하여 사군자라 부릅니다.

봄에는 매화가 여름에는 난초가
가을에는 국화가 겨울에는 대나무가 멋스럽다는 것이지요.

대나무나 소나무나 겨울에 그 푸름이 변하지 않는 것은 같지만
우리나라 식생의 분포도를 보면 대나무는 따뜻한 남쪽으로 치우친 반면
소나무는 전국에 골고루 성장하기 때문에
소나무가 우위를 점하여야 할 것인데….
자리를 대나무에 내어준 이유가 자못 궁금합니다.

어찌 보면 대나무는 군락을 이루고 더불어 사는 데에 비하여
소나무 아래는 독기가 강하여 다른 풀이 자라지 아니하고
흙을 화분에 옮기면 화초가 잘 자라지 않는 데 기인하고 있는지 모릅니다.
즉, 주변과 더불지 못했다는 것이지요.

그래서 공자는 덕불고필유린(德不孤必有隣)이라 했습니다.
덕은 즉 '더불음'이지요.

혼자 가는 길보다 여럿이 같이 가는 길이 즐거운 것이고
혼자 걷는 100걸음보다 100명이 걷는 한걸음이 중요한 이유입니다.

 냉이를 캐면서

모처럼 맞이한 따뜻한 주말입니다.
봄볕 난만한 대지에서
호미 들고 막 농사가 시작되려는 밭에
냉이 캐러 나섰습니다.

봄이라지만 아직 바람은 찬 기운을 머금고
땅은 녹았지만 손끝으로 전해지는 흙의 감촉 속엔
아직 차가운 겨울의 끝자락이 남아 있습니다.

그래도 이 차가운 대지에서
춘삼월 짧은 햇살에도 꽃다지가 무리 지어 푸르고
땅바닥에 붙어 자라난 냉이도
겨울과 봄이 공존하는 모습 속에서
하이얀 꽃을 피워 올렸습니다.

군락을 이룬 냉이는 뿌리가 굵고 튼실하여
제법 봄 냄새를 풍깁니다.
잠시 캤는데도 소쿠리에 가득한 냉이를
양지쪽에 앉아 정담을 나누며 다듬는 손길 뒤로
봄의 향기가 가득합니다.

몇 해 전에 나물에 문외한인 모(某) 선생을 꾀어서
뒷산으로 나물을 뜯으러 간 적이 있습니다.
나도 초보이면서, 그분에게 먹을 수 있는 나물과 먹을 수 없는 것을
몇 가지 구분하여 설명하고 있는데
운 좋게도 조그만 엄나무(개두릅)를 만났습니다.
아주 좋은 나물이라고 호기롭게 설명한 후
두어 시간을 산을 배회하며 나물을 뜯었습니다.
그 선생님도 배낭 가득히 나물을 뜯어 흐뭇한 표정이었습니다.

산에서 내려와 배낭을 펼쳐보니
개두릅이라고 뜯어온 것이 모두 물푸레나무 순이었습니다.
괜히 먹지도 못할 풀을 뜯느라 생고생을 한 것도 그렇지만
아무 이유 없이 순을 뜯긴 물푸레나무의 입장도 참 안타까웠습니다.

나물을 뜯다 보면 왜 그리 비슷한 것이 많은지요.
냉이와 비슷한 속속이풀이나 뽀리뱅이 같은 풀이 그렇고
취나물과 비슷한 바위떡풀과 같은 것도 그렇습니다.

'비슷하지만 아니다'를 한문으로 옮기면 사이비(似而非)가 됩니다.
(비슷할 사, 말 이을 이〈역접〉, 아닐 비)

사이비가 들어가서 좋은 표현이 되기는 애초에 그른 일입니다.
우리의 삶 속에서도 겉만 번지르르한 사(似)를 줄이고
진(眞)과 시(是)의 세계로 나아가야 함을
봄의 들녘에서 생각해봅니다.

 뿌리 깊은 나무

사람에게 투시 능력이 없다고 하는 것이 얼마나 다행인지 모릅니다.
적당히 덮어 놓으면 일부러 뒤져보기 전에는
속내를 알 수 없는 것이 또한 사람을 편안하게 합니다.

냉이 캘 때 땅 위의 잎은 보여도 땅속의 뿌리는 보이지 않습니다.
어떤 것은 잎이 실하여 뿌리가 참 좋겠다 싶었는데
막상 캐보면 뿌리가 부실하기 그지없어 실망감이 들 때도 있고
잎이 조그마해서 캐지 말까 하다가 어쩌다 캔 것이
뿌리가 너무 굵고 실해서 기분이 좋아질 때가 있습니다.

겉만 보고 판단할 일이 아니라는 것이지요.
겉은 화려한데 속이 별볼일 없는 것을 외화내빈(外華內貧)*이라고 합니다.
그 반대의 경우는 내화외빈이라고 할 수 있겠지요.

그래서 공자는 군자무본(君子務本)이라 했습니다.
군자는 모름지기 근본에 힘써야 한다는 것이지요.
봄이 되어 화분을 정리하다 보면
튼실하게 새싹이 쑥쑥 자라는 것이 있고
비실비실 말라가는 것이 있습니다.
비실거리는 것이 사망에 이르러 결국 버려지게 될 때
그 뿌리가 부실하지 않는 것이 없었습니다.

근본으로 돌아가야 합니다.
나의 주변부터 새롭게 해야 합니다.
겉만 번지르르 한 것은 당장에는 아름답게 보일지 몰라도
흐르는 세월이 아름다움을 거두어갈 때
속내의 추함이 부끄러움으로 남을 수밖에 없습니다.
그래서
뿌리 깊은 나무는 가뭄에 견딜 수 있는 것이고
샘이 깊은 물도 가뭄에 마르지 않는 것입니다.

---

* 외화내빈: 겉은 화려하나 실속이 없음

방관자

옆에서 지켜보고만 있는 사람을 방관자라로 합니다.
영어로는 Bystander라고 표현합니다.
한자로는 수수방관(袖手傍觀)이란 표현이 있고요
오불관언(吾不關焉)이란 표현도 있습니다.

수수방관은 팔짱을 끼고 보고만 있다는 뜻입니다.
수(袖) 자는 '소매 수' 자랍니다.
즉, 손을 소매 속에 집어넣고 있다는 의미이지요.

방관자의 법칙이라는 말씀도 있습니다.
요즘엔 사람이 많이 모이는 공공장소에서 사람이 쓰러지더라도
청소년이 길거리에서 담배를 피우더라도
큰 싸움이 일어나 심각한 사태로 치닫는 경우가 있더라도
그냥 바라만 볼 뿐 나서지 않는 방관자가 참으로 많은 것을 봅니다.

그런 사람들의 대부분이
어찌 보면 괜히 나섰다가 봉변을 당하면 어찌하나 하는 두려움과
내일이 아닌데 관심둘 필요 없다는 무관심
내가 나서지 않더라도 누군가가 나서겠지 하는 막연한 기대감
이런 감정들을 버무려서 자신을 합리화하고 있는지도 모를 일입니다.

또한 수많은 인간 개체 속에 쉽게 개인을 은닉할 수 있고
도시라는 울타리 안에서 안주하려는 모습들
요즘은 '방관자들의 사회'가 된 것 같아 씁쓸합니다.
어떤 사건이 일어나면 가해자와 피해자도 있지만
방관자도 있게 마련입니다.
그리고 방관자가 되기는 쉬워도
적극 개입자가 되기는 쉬운 일은 아니지요.
하지만
사회의 잘못된 부분에 대하여 눈을 감는 사람이 많을수록
사회가 밝아지기를 기대하는 것은 어려운 일이고
경우에 따라서는 주변 방관자의 참담함을 내가 느낄 수도 있는 것입니다.

무관심과 방관은 겉으로는 비난의 화살이 날아들지 않는다고 하더라도
세상을 살아가는 데 가장 큰 죄악일 수 있습니다.

 고슴도치 사랑

햇살이 두드리는 소리에 창을 열면
훈풍이 참으로 따사롭습니다.

겨우내 한가했던 마을이 농사 준비로 분주하고
말라 있던 수로엔 봄물이 가득하여
풋풋한 냄새가 풀풀합니다.

지인으로부터 고슴도치 한 쌍을 분양받았습니다.
집을 사다 톱밥을 깔아주고
사료를 주었더니 앙증맞게 먹는 모습이
여간 귀여운 것이 아닙니다.

'고슴도치 사랑'이라는 표현이 있습니다.
고슴도치는 그 가시 때문에
너무 가까이 가면 서로에게 상처를 주기에
진정으로 사랑하려면 적당한 거리를 두는 것이 좋다는 말이지요.

일견 일리 있어 보입니다.
하지만 일주일 넘게 고슴도치를 관찰해본 결과
자기들끼리 가시에 찔리는 일은
결코 발생하지 않는다는 결론에 도달하였습니다.
찔리기는커녕
하루종일 꼭 붙어 잠자고, 먹고, 노는 모습….
위협을 느껴 털을 세우지 않으면 가시에 찔릴 일이 없지요.

경험해보지 않고 지레짐작으로 판단하고 행동하는 것이
얼마나 위험한 일인지

관념을 앞세워 선입관으로 사물을 대하는 것이
얼마나 주위를 불편하게 하는지를
고슴도치를 기르며 깨닫습니다.

이제 9주 정도 되었는데 이놈들이 너무 많이 먹어 탈입니다.
비만을 걱정하여 먹이 조절에 들어가야 할까 봅니다.

도치를 기르면서….

 말탕개미길과 호미곶

대전에 다녀왔습니다.
길 양안으로 흐드러진 봄꽃의 향연에
따사로운 볕이 주는 아찔한 행복감에
흠뻑 취한 하루였습니다.

춘천에 가면 '말탕개미길'이란 이름을 가진 골목이 있습니다.
한림대학교 앞 YMCA 건물 뒤쪽에 나 있는 길이지요.
말 탄 개미? 개미가 말을 타고 가다니요?
이유인 즉슨 이렇습니다.

이 마을은 향교 끝에 있습니다.
즉, "향교 앞을 지날 때 말을 타고 가서는 안 된다."라는 뜻이랍니다.
춘천읍지에 따르면 〈마승감, 馬乘監〉 또는 〈마현, 馬峴〉을
말탕개미라 불렀지요.

우리나라 대륙의 동쪽 끝에 虎尾串(호미곶=호랑이 꼬리)이 있습니다.
곶(串)이란 육지가 바다 쪽으로 돌출되어 나온 부분을 의미합니다.
호미곶이라는 지명을 보면 우리나라 지도의 형세가 토끼 모양이 아니라
호랑이 모양이라는 것을 알 수 있습니다.

일제 강점기 때의 지도 모양처럼 토끼의 모양이라면
토미곶(兎尾串)이 되어야 맞는 것이지요.
지명 중에 유독 新 자가 들어간 곳이 많은 이유가
안타깝게도 일제 강점기 때
이름을 대충 지어 부른 것이 연유인 듯합니다.
신동, 신남, 신북, 신포리, 신사우동….

지명을 짓는 것은 쉬울지 모르나
옛 지명을 살려 쓰는 것은 쉽지 않은 일입니다.

지명은 땅과 그 땅에 정착한 사람들의 관계를 잘 나타내 줍니다.
도로명주소를 쓰면서 고유지명 찾기 노력도 병행했으면 하는
바람을 가져봅니다.

머리부터 들여놓기

봄비 내린 후의 촉촉한 대지에
푸릇한 생명의 열기가 넘실댑니다.

우리가 살아가면서 무수히 부딪치는 일들이
관계에 기초하여 움직임을 부정할 수 없습니다.

친한 사람에게는 머리부터 들여놓기 기법을
아주 소원한 사람에게는 발부터 들여놓기 기법을 사용하게 됩니다.

머리부터 들여놓기 기법이란
아이가 엄마에게 우선 비싼 것을 사달라고 조르다가
그것이 안 되면 좀 싼 것을 사달라고 하는 식으로
무리한 부탁을 먼저하고 나중에 작은 요구를 제시하는 것을 말합니다.

반대로 발부터 들여놓기 기법은
외판 사원들이 주로 사용하는 수법으로
작은 요구를 먼저 하고 점점 더 큰 요구를 제시하는 것을 의미합니다.

대부분 귀가 얇고 수용적인 태도를 가진 사람은
자기희생을 감내하고서라도
남의 요구를 쉽게 거절하지 못하는 경우가 많습니다.

요즘 아이들은 자기주장이 많습니다.
아이들의 말을 조금씩 들어주다 보면
어느 순간에 이건 아니다 싶은 생각이 퍼뜩 들 때가 많지요.

머리부터 들이밀든 발부터 내밀든
판단의 멋스러움을 제대고 갖고 살아야 함을 느낍니다.
한 번의 판단 실수가 쥐꼬리만 한 월급을 축내기도 하고
자칫 관계에 기초한 좋은 사람을 멀리하게 만들기도 하니까요.

그래서 공자님은
衆好之必察焉 衆惡之必察焉이라 했습니다.
(중호지필찰언 중오지필찰언)
"모든 사람이 그를 좋아하더라도 반드시 살펴야 하며
모든 사람이 그를 미워하더라도 반드시 살펴야 한다."

판단이 멋스러운 사람은 인생도 멋스럽습니다.

조화로운 자연

참 좋은 계절도 며칠 남지 않았습니다.
온 동네가 꽃 잔치로 화사함으로 넘실대는 요즘
이 호시절을 보내는 것이 안타깝다는 생각을 합니다.

4월의 들녘에서
식물들의 열매를 통한 번식의 왕성함을 봅니다.
그 번식력은 참으로 놀라울 따름이어서
땅에 떨어진 씨앗이 모두 싹트기에는
너른 대지도 지나치게 좁습니다.

이 한정된 공유지를 활용하기 위하여
식물들은 놀라운 조화로움을 갖고 있지요.

이제 4월 말인데
아직 움이 트지도 않은 식물이 있는가 하면
30센티 이상 성장을 이룬 식물이 있고
벌써 꽃이 지고 열매를 맺은 식물도 있습니다.

공유지를 조화롭게 활용하기 위하여
생육 기간을 조절하고 있는 자연은
완벽에 가까운 모습으로 우리 곁에 있습니다.

철 따라 다른 모습으로 나타나는 들판의 모습이
이 조화로움에 기인하고 있는 것이지요.

순서의 멋스러움과
경쟁 속에서 조화를 찾아가는 모습은
우리네 삶에도 많은 화두를 던져줍니다.

경쟁이 없는 사회는 바람직하지 않을 수 있습니다.
그렇다고 1등만 살아남는 사회의 비정함 또한 좋은 모습은 아니지요.

그것이 사회적 약자를 돌보아야 할 이유이고
침묵하는 다수의 의견을 존중해야 할 까닭입니다.

 포장지와 알맹이

봄을 재촉하던 비가 오던 날
교정 앞에 화려하게 피었던 벚꽃이
수천 마리의 나비 되어 대지를 수놓습니다.

훌륭함은 평범 속에 존재합니다.

편작은 중국 선진 시대의 유명한 의사입니다.
그의 두 형도 모두 의사였는데 삼 형제 중 유독 막내인 편작만이
명의로 이름이 나 있었지요.

어느 날 위나라의 임금이 편작에게 묻습니다.
"그대 삼 형제 가운데 누가 의술이 가장 뛰어난가?"

"큰 형님의 의술이 가장 훌륭하고 저의 의술이 가장 비천합니다."
당연히 명의로 이름난 자신의 의술이
가장 뛰어나다고 대답할 줄 알았는데
의외의 대답을 들은 임금은 그 이유가 궁금해졌습니다.

"그런데 어째서 너의 이름이 백성들 사이에 더 알려져 있느냐?"

"사람들은 병이 깊은 환자들에게 약을 먹이고 살을 도려내는 수술을
하는 저의 행동을 보고
제가 자신의 병을 고쳐주었다고 믿게 됩니다.
그것이 제가 명의로 소문난 이유입니다."

임금이 다시 물었습니다.
"그러면 형들은 왜 명의로 소문나지 않은 것이냐?"
"둘째 형은 환자의 병세가 미미한 상태에서 병을 알고 치료해 줍니다.
이런 환자는 둘째 형이 자신의 큰 병을 낫게 해주었다고 생각하지 않습니다.

그리고 큰 형님은 상대방의 얼굴빛을 보고 그에게 장차 병이 있을 것을 짐작하고 병의 원인을 미리 없애 주지요.
그러니까 아프기 전에 치료받기 때문에 그들은 큰 형님이 자신을 치료해 주었다는 사실을 알지 못하는 것뿐입니다."

미리 아궁이를 고치고 굴뚝을 청소하여
화재를 예방한 사람의 공은 알아주지 않고
수염을 그슬리고 옷섶을 태우면서
요란하게 불을 끈 사람이 칭송받는 것이 세상의 인심입니다.

하지만 외적 편향주의로 세상을 살면 행동의 과장을 불러오게 되고
진솔한 속내보다는 화려한 겉치레에 치중하게 됩니다.
세월을 지내면서 진솔한 매력에 끌리는 사람이 있고
요란한 빈 수레의 허망함을 드러내는 사람이 있습니다.

그것이 포장지보다 알맹이가 중요한 큰 이유입니다.

 자기반성을 통한 모범

비 온 뒤 850만 화소 급의 깨끗한 세상이

청량감을 더해주는 아침입니다.

저는 60년대에 태어나 주로 70년대에 학교를 다녔습니다.
한 학급에 65명이나 되는 콩나물 교실에서
변변한 TV 한 대 없었고
김칫국물 흘리던 도시락으로 점심을 해결했고
냉방은 꿈도 꾸어 보지 못했으며
추운 겨울엔 화목을 구해 나무 난로로 겨우 추위를 면하곤 했습니다.
선생님은 오로지 Chalk And Talk로 수업하던 시절이었지요.

그래도 선생님의 말씀을 금과옥조처럼 여겼고
변변한 참고서나 학원은 없었어도
나름 최선을 다하며 열심히 공부했던 기억이 납니다.

요즘은 한 학급이 35명 이하로 여유롭고
교실엔 TV보다 좋은 빔프로젝터가 설치되어 있으며
잘 갖추어진 급식소에서 따뜻한 밥을 먹고
더운 여름엔 에어컨이 빵빵하게 돌아가고
높낮이 조절이 가능한 책걸상을 이용하며
학습 기자재 및 참고서가 넘치는 세상에 살고 있습니다.

친환경적 건물
웰빙식 급식
자기 주도적 학습 등

교육에 필요한 시설과 서비스는 다 갖추고 있는 셈이지요.
학교 시설이 아주 잘되어 있는데도
수업 중에 학습에 관한 교사의 지시가 통하지 않고
교사가 주의를 주어도 잘못된 행동을 중단하지 않으며
교실붕괴니 학교붕괴니 하는 말이 나옵니다.

집에서는 자녀가 왕인 시대가 되었고
그것이 사회와 학교에서도 본인이 최고인 양 여기는 풍토가
개선되지 않아 생기는 마찰이 많습니다.

이런 것들이 외적 성장과 내적 성장의 부조화의 결과일지 모릅니다.
부모님은 자식들의 사교육비를 벌기 위해
갖은 고생을 마다치 않습니다.
그러면서 자식들에게 공부를 강요하지요.
어찌 보면 공부가 그렇게 중요하다면 부모가 앞장서 공부해야 합니다.
본인은 책을 들여다보지 않으면서
자식들에게 공부를 강요하는 것은 바람직하지 않습니다.
교사도 마찬가지이지요.

요즘 현란한 대중매체와 인터넷에 귀먹고 눈 먼 아이들
컴퓨터만 켜면 시간을 잊게 하는 재미난 게임과
음란한 영상과 자기만족을 위한 공간들….
이런 것들이 너무 쉽게 제공되는 탓도 있을 겁니다.

이 괴리된 세상을 바로잡을 수 있는 유일한 방법은
끊임없는 사랑과
철저한 자기반성을 통한 모범일 수 있습니다.
현상은 있으되 대안이 마땅치 않은 현실이 참으로 가슴 아픈 아침입니다.

 풍수지탄

오월입니다.
코끝에서 부서지는 라일락 향기
마음껏 하늘을 우러르는 철쭉의 붉음
대지를 호흡하는 연록의 산들
오월엔 삼라만상이 색의 축제로 분주합니다.

텃밭에 비닐 깔고 심었던 감자가
앙증맞게 새순을 드러내고
비 갠 날 옥수수는 돌돌 말린 잎을 삐죽이 내밀었습니다.
그 여리디여린 잎이 단단한 땅을 헤집고 세상 밖으로 성장하는 모습은
신기함 너머 장엄하고 엄숙하기까지 합니다.

중학교 한문 교과서는 검인정이라 12종이 있습니다.
그 12종의 교과서에 빠지지 않고 등장하는 구절이 있지요.

수욕정이 풍부지(樹慾靜而 風不止)
자욕양이 친부대(子慾養而 親不待)
논어(論語)에 나오는 이 말은
"나무는 가만히 있고자 하나 바람이 그치지 않고,
자식은 효도를 하려 하나 부모는 기다려주지 않는다."라는 의미랍니다.

요즘 어머님이 노환으로 입원한지 두 달이 되어갑니다.
주말마다 병간호차 먼 길을 다녀오는데….
올해 여든이시니 병원에 계셔도 별 차도가 없음이
참으로 안타깝습니다.

옛날 참 어려웠던 시절에는
배고픔이 심해 먹고 싶어도 먹을 것이 없었는데
요즘은 산해진미가 넘쳐나도
잘 드시질 못함이 슬픈 일이지요.
살면서 참 못나게도 뒤늦은 후회를 할 때가 많습니다.

오월은 가정의 달….
어쩌면 인생의 멋진 항해는
'지금까지'가 아니라 '지금부터'일 수 있습니다.

우러러 하늘이 정한 이치이든
굽어 사람이 사는 도리가 되었든
부모님을 잘 모시는 것엔 어떤 이유가 있을 수 없습니다.

 철학 부재의 시대

오래전에 매시간 학습지도안이라는 것을 작성하고
수업에 임하던 시절이 있었습니다.
그 당시 전국에서 학습지도안 경진대회가 있었습니다.
어느 시골 초등학교 교사가 영예의 1등을 차지했지요.

그 영광의 1등을 한 교사는
수업시간에 아이들을 자습시켜 놓고
학습지도안만을 짜고 있었던 교사였답니다.

세상을 살다 보면 본말(本末)이 뒤집힌 경우를 보게 됩니다.
명분과 체면 때문에 진실이 눈을 감는다면
세상이 얼마나 부질없을까요?
TV 토론을 봐도 그렇습니다.
설득과 타협은 찾아볼 수 없습니다.

서로 자기주장 발표대회를 하고 있을 뿐이지요.

논쟁에서 지면 병신(?)을 면치 못하고
이기면 분노를 살 뿐이지요.
本(본)을 본이라 할 수 있어야 하고 末(말)을 말이라 할 수 있어야 합니다.

요즘 가장 본말이 전도된 것이 교육이 아닐까 합니다.
교육은 말 그대로 가르치어 기르는 것이며
지혜로 세상을 바라볼 수 있는 안목을 길러주는 것입니다.
그러나 성적을 잘 받아 명문학교에 들어가
남보다 잘나고 출세하기 위하여 공부하는 학생들이 넘쳐납니다.

철학의 부재에서 오는 공허함이 너무 큰 세상입니다.
진실을 진실이라고 아무리 외쳐대도
콧방귀도 뀌지 않는 주변이 너무 견고해 살기 어려운 세상입니다.

우리 2세들에게 제대로 된 철학과 지혜를 가르친다면
OECD 국가 중에서 자살률이 1위라는 불명예를 떠안지 않아도 될 것이며
불신 때문에 발생하는 엄청난 사회비용을 획기적으로 줄일 수 있으리라는 것은 단지 저만의 생각일까요?

잔잔한 바다와 위대한 선원

올해 처음으로 텃밭에 심은 상추를 수확하였습니다.
주름이 많은 적상추인데
먹기에 알맞게 자라 식탁의 풍성함을 주었습니다.

농부는 씨앗을 뿌릴 때 물에 불려 통통해진 씨앗을
심는 경우가 많습니다.
그러면 싹이 일찍 나오게 되지요.
그리고 어릴 적에 물을 자주 주게 되면
남들보다 이른 시기에 수확의 기쁨을 느낄 수 있습니다.

그러나 위의 방법은 장점만 있는 것이 아니어서
약간의 가뭄에도 비실거리는 것이 가뭄에 약한 식물이 됩니다.
우리네 삶도 살아가면서 고난을 헤쳐 나갈수록 강해지지만
온실 속에서는 약해질 수밖에 없는 원리와 같습니다.

소나무도 그렇습니다.
소나무의 가격은 크기와 수령, 잘나고 못난 생김새
잎의 빛깔로 본 영양 상태 등등 많은 부분이 가격에 영향을 줍니다.
전문가는 거기에 한 가지를 더 보지요.
소나무는 옮겨심기에 적합한 수종이 아닙니다.
따라서 옮겨 심는 과정에서 고사하는 경우가 참으로 많답니다.

소나무를 한번 옮겨서 3년을 잘 버텨 잘 자라게 되면
다음에 옮길 때는 활착률이 더 높아지게 되고
두 번을 옮겨 살아난 소나무는 웬만해서는 고사하지 않게 됩니다.
그 옮겨 심어 살아난 빈도가 두 번 이상이면 값을 더 후하게 받을 수 있습니다.

소나무를 보며
오늘이 힘들다고 좌절하지 말아야 함을 느낍니다.
때론 나에게 주어진 고난 때문에 힘이 들 때가 많지만
잔잔한 바다에서 위대한 선원이 태어나지 않는다는 이치를
곱씹어볼 필요가 있습니다.

 생각 깊은 나무

계절이 깊어갑니다.
이제 산골짝 향을 간직한 두릅도 쇠어진 지 오래고
세속을 벗어난 곳에 나 홀로 간직한 나물의 향기도 식어버려
여린 잎들을 채취하기엔 흐른 세월의 흔적이 너무 깊습니다.

신영복 교수의 『나무야 나무야』라는 책에 다음과 같은 구절이 있습니다.

"처음으로 쇠가 만들어졌을 때
세상의 모든 나무들이 두려움에 떨었다.
그러나 어느 생각 깊은 나무가 말했다.
'두려워할 것 없다. 우리들이 자루가 되어주지 않는 한
쇠는 결코 우리를 해칠 수 없는 법이다.'"

이 짧은 글귀가 참 많은 것을 생각게 합니다.
세상에서 가장 강한 것 중의 하나가 쇠입니다.
그러나 그 쇠가 아무리 강해도
나무로 만든 자루가 없으면 힘을 쓰지 못합니다.

이는 스스로 자루가 되지 말아야 함을 일깨우는 글이며
또한, 남이 자루가 되는 것을 경계하는 글입니다.
여기서 자루는 세상을 향한 삶의 왜곡(歪曲)을 의미합니다.
말 잘하는 사람이 세상에 아부하는 것이 그것이며
글 잘 쓰는 사람이 권력에 아첨하는 것이 그것입니다.

이 감언이설(甘言利說)과 곡필(曲筆)의 예는 이미 나무가 나무이기를
포기한 개인적인 사건이 아니라
스스로를 베고 숲을 해치는 사회적인 위험을 초래할 수 있는 큰일입니다.

일찍이 공자는
학이불사즉망이고 사이불학즉태라고 했습니다.

學而不思則罔 思而不學則殆
“배우기만 하고 생각하지 않으면 공허하게 되고
생각하기만 하고 배우지 않으면 위태롭게 된다.”
어리석은 사람이 간교한 것보다는
똑똑한 사람이 간교한 것이 더 위험한 법입니다.

우린 그 어떤 것의 자루가 될 수 있습니다.
숲을 망치는 도끼의 자루가 될 수도 있으며
숲을 가꾸는 삽의 자루가 될 수도 있을 것입니다.

같은 재질로 만들어졌다고 하더라도
그 용도가 다르다는 것은 많은 것을 시사해줍니다.
같은 물을 먹고도 벌은 꿀을 만들지만 뱀은 독을 만들고
같은 분해과정을 거치더라도 어떤 것은 발효되어 깊은 향을 내지만
어떤 것은 부패하여 악취를 풍기게 됩니다.

어떤 것이 될 것인가에 대한 깊은 성찰이 필요할 때입니다.
1분 1초라도 남이 나의 삶을 대신 살아줄 수 없는 것이고 보면
그 결과에 대한 책임도
자신이 짊어져야 할 업이라는 준엄한 진실을 생각해야 합니다.

하모니를 이룬 합창

아카시아 향기가 유월을 예고하고
물이 그득그득한 너른 논엔 개구리의 합창이 아련합니다.
식물이 생육하기에 참 좋은 조건을 갖춘 계절입니다.

초여름입니다.
어떤 꽃은 피고
어떤 꽃은 지면서
계절이 익어갑니다.

별 감흥 없이 펼쳐져 있는 들이지만
자세히 보면 어느새 성장을 이뤄 화려한 꽃을 달고 있는
이름 모를 야생화를 감동으로 만날 수 있습니다.
계절은 소리 없이 흐르지만
벌써 수풀은 무성해졌고 온 산은 초록으로 뒤덮였습니다.

관심을 갖고 보지 않으면 보이지 않을 곳에서도
최선을 다해 꽃을 피워 올리고
이름조차 알려지지 않음에도 멋진 생을 불태우는
그 진실 어린 몸짓을 봅니다.

있는 존재로서의 아름다움을 드러내되

스스로 자랑하거나 공치사가 없는 자연을 보면서
조금 남들보다 나은 자리에 있다고 우쭐하거나
남을 업신여기지 말아야 함을 배웁니다.

돌이켜보면 제 잘난 맛에 살아온 세월이 아니었나 싶습니다.
크게 잘난 것 없이 그저 평범하거늘
왜 내가 속한 울타리 속에서 자신을 드러내고자 안절부절못했는지….

참된 멋스러움은
남위에 군림하여 세상을 누르는 힘에 있지 아니하고
조화로움 속에서 같이 더불음에 있음을 깨닫습니다.

혼자 부르는 독창도 멋있지만
지천으로 푸른 오월처럼
하모니를 이루는 합창이 참으로 감동적일 수 있음을
생각하는 아침입니다.

너무 빠른 시대 유감

문명(文明)의 사전적 풀이는
인류가 이룩한 물질적, 기술적, 사회 구조적인 발전.
자연 그대로의 원시적 생활에 상대하여
발전되고 세련된 삶의 양태를 의미합니다.

인류가 컴퓨터라는 기계를 만들어
1초에 수백만 번 연산을 수행하기도 하고
한번 저장이란 행위만으로
방대한 자료를 절대 잊어먹는 일 없이
재활용과 재생산을 이어가는 세상이 된 지 오래입니다.

하드디스크도 1TB급이 나와 있으니
책이 1권에 넉넉잡아 1MB의 용량을 가진다 해도
하드디스크 한 장에 무려 100만 권의 책을
저장할 수 있으니 참으로 놀라울 따름이지요.

지구상에서 인류가 세운 도서관 가운데
가장 큰 것이 미국 의회도서관인데
거기 장서가 3천만 권이라고 합니다.
즉, 그 넓은 곳에 찾기도 힘든 정도의 도서가
메모리를 이용하면 1평도 안 되는 공간 안에

다 저장하고도 남음이 있다는 말씀이지요.

과거에 꿈꾸어보지 못했던 일들이
현재에 구현되는 것들이 참 많습니다.

엊그제 지구 반대편 유럽에서
오이에 자생하는 박테리아로 인하여
사망사고가 발생했다는 보도가 있었습니다.
비행기로도 하루 꼬박 걸리는 거리이고
배를 타면 보름이나 걸리는
너무나 먼 나라 이야기임에도
바로 옆에서 일어나는 일인 양 거리감을 상실한 시대에 살고 있습니다.

단지 잠깐의 남의 나라 이야기를 접했을 뿐인데도
시장에선 관련 제품이 팔리지 않고
아무 관련 없는 생산자의 시름이 깊어가는
참으로 아이러니한 세상에 살고 있는 것이지요.

그 덕분에 염려하지 않아도 될 일들을
끌어안고 고민하는 세상이 되어버렸습니다.
너무 많이 알아서 탈인 세상이고
너무 빨라서 탈인 세상입니다.

전파 부재의 시대에

관련 없는 남의 일들이 내 삶 속에 깊이 자리할 수 없었던 시절에
삶의 주체인 자신에게 관심이 집중되던 때가
어쩌면 행복지수가 더 높았는지 모릅니다.

너무 멀리 보려 하지 마세요.
그리고 주변과 가까운 곳을 봐야 합니다.
행복은 멀리 있지 않으니까요.

 삼나무 이야기

남이섬에 가면 메타세쿼이아 가로수 길을 만날 수 있습니다.
쭉쭉 뻗은 나무가 주는 시원함과 상쾌함
숲이 제공한 싱그러움을 느낄 수 있는 참 좋은 곳이지요.

세상에서 가장 큰 나무는 세쿼이아(삼나무)랍니다.
메타세쿼이아와의 차이는 메타세쿼이아는 낙엽교목이지만,
세쿼이아는 상록수라는 것이지요.

미국에 '제너럴 서먼'이라 이름 붙은 나무가 있습니다.
세쿼이아 종류인데요.

수령은 2,300~2,700년 정도이고 높이 84미터에
밑 둘레만 40미터 정도 됩니다.
무게는 무려 2천 톤이나 나가는 세계에서 가장 큰 나무 중의 하나이지요.

우리가 주목할 것은 삼나무의 큰 키나, 긴 수명이 아닙니다.
삼나무는 굉장히 크게 자라고 가지가 넓은 나무임에도 불구하고
뿌리가 아주 얕다는 것입니다.
그럼에도 불구하고 강한 폭풍우와 거친 바람에 끄떡도 하지 않습니다.

왜일까요?
삼나무들은 숲에서 함께 자라며, 얕은 뿌리를 한데 얽는 습성이 있습니다.
즉 삼나무들의 뿌리가 땅속에 서로 얽혀서
마치 한 개의 나무뿌리처럼 되어 있어,
강력한 태풍이 지나가도 서로를 지탱해 줄 수 있는 것이지요.

삼나무는 더불어 사는 지혜를 일깨워줍니다.

요즘엔 관계성 맺기가 참으로 쉬운 세상입니다.
손안의 컴퓨팅이 가능한 스마트폰이 넘쳐나고
트위터는 생생한 실시간 정보를 광속으로 실어 나릅니다.
하지만 관계성은 넓어졌으나
더불음의 끈끈함은 엷어져 가는 것 같아 안타까움이 많습니다.

소셜 네트워크는 비상(飛上)하고 있으나
그 속엔 푸근함과 배려가 없습니다.
세상엔 정감 어린 표현이 참으로 많음에도 불구하고
비난과 헐뜯음이 재미로 둔갑하고
상처를 후벼 파며 남의 고통을 즐기는 가학적인 모습이 넘쳐나
그 부작용으로 세상을 등지는 사례도 많습니다.

남의 이야기가 아니고 특정한 사람의 이야기가 아닙니다.
어쩌면 선량한 시민이기도 한 내 주변의 이야기이기도 하고
궁극적으로 나의 이야기이기도 합니다.

더불지 못하고 깊은 생각 없이 쓰고 퍼 나르며
남의 입장은 헤아리지 못하고 자신의 즐거움만 챙기지 않았는가를
깊이 성찰해 보아야 합니다.
그것이 삼나무처럼 크게 자라 넓은 그늘을 만들어 많은 것을 품어내는 더불어 사는 삶의 시작이며, 사회를 아름답게 하는 기본이 되기 때문입니다.

공생으로의 진화

1800년대에 살았던 영국의 찰스 다윈은
인류가 받아들이기 힘든 진화론이라는 엄청난 파괴력을 가진 학설을
세상에 내어놓습니다.

그의 이론에 의하면 식물이든 동물이든
자연선택, 약육강식, 적자생존 등의 원리에 의하여
서로 먹이를 근거로 한 적이라는 관점하에 진화된 것으로 기술되어
있습니다.

하지만 요즘 생명과학자들은 적자생존의 방법 외에도
공생이라는 진화의 더 큰 측면이 있다는 것을 주장합니다.

농사를 짓더라도 화학적인 방법인 농약을 이용하여
병충해를 박멸시키는 방법이 있는가 하면
천적을 이용하거나, 유기농법으로 우렁이나, 다슬기, 오리 등
공생의 농법을 이용하는 방법이 있습니다.

화학 농법을 이용하게 되면 해충도 죽지만 유익한 곤충도 죽게 되며
그 결과 공생의 고리가 끊어지고
또한 축적된 오염물질로 인하여
그 식물을 섭취한 인간의 건강을 해치게 되고

삶의 터전인 환경이 파괴되는 결과를 초래합니다.

하지만 함께함으로 풀이되는 공생의 개념으로 다가가면
그 속에 건강과 삶의 활력을 느낄 수 있으며
환경의 아름다움이 보존되고
따뜻한 인간적인 심성을 보존할 수도 있습니다.

인류가 발전시킨 자본주의라는 체제는
개인적인 이익이라는 가치 때문에 여러 가지 비인간적인 현상이나
배려 부재와 더불어 사는 가치관의 상실을 가져오곤 합니다.

섬에 혼자 버려지면 살아갈 수 없는 연약한 존재임에도
공동체 속에서 느낄 수 있는 아늑한 행복을 느끼지 못하고
혼자만의 이익을 위하여 전투적인 모습으로 살아가는 현대인들의 모습에서
공생과 공존이라는 따뜻한 명제를 한 번 더 생각해 봤으면 하는 바람을
가져봅니다.

작은 인연을 소중하게

우리가 사는 세상은 셀 수 없을 정도로 많은
식물들에 뒤덮여 있습니다.
대부분의 식물은 사람들이 무관심하게 지나쳐 존재감이 없지만
늘 그 자리를 지키며 성장하고 꽃피고 열매를 맺습니다.

들에 자라난 풀들….
우린 얼마나 그들의 이름을 알고 있을까요?
사실 식물학자거나 혹은 산야를 직업의 터전으로 삼아 사는 사람이 아니라면
식물들의 이름을 모르고 있다고 하는 것은 별로 놀랄 만한 일은 아니지요.

그러나 이렇게 존재감 없는 것들이
우리 삶의 근간을 이룬다고 하는 것은 알까요?
이러한 것들이 직접적인 채취의 대상이 되어 식탁에 오르든지
아니면 1차 생산자로서 먹이사슬을 통해
생산된 육질로 식탁에 오르든지
식탁과는 상관없이 이산화탄소를 먹고 산소를 배출하든지
알게 모르게 인간들의 삶에 도움을 주고 있는 것은 사실일 겁니다.

우리가 살아가는 모습도 비슷하지 않을까요?

나의 주변에서 거의 존재감이 없이 스쳐 가는 인연 하나하나가
지금의 나를 키워준 근간은 아닐는지요?

그럴 때마다 주변에 있는 사람들이
참으로 귀중한 존재라는 것을 깨달아야 합니다.
그것이 말 한마디 행동 하나를 조심스럽게 해야 할 이유이기도 하구요.

하다못해 길가에 아무렇게나 놓인 돌도
그 아래 개미나 작은 생물들을 보듬어 기릅니다.
소중하지 않은 것이 없다는 작은 진실을 깨닫는 아침입니다.

 맨발로 밟는 흙의 감촉

학교 농장의 귀퉁이를 얻어 짓기 시작한 농사가
이제 5년이 되어갑니다.
농사로 얻은 소출도 소출이지만
그동안 땅에서 이루어지는 위대한 섭리를
땀 흘린 만큼 되돌려주는 정직함을
몸으로 배울 수 있음이 좋았습니다.

그 농장에 체육시설이 들어섭니다.
그토록 넓은 그늘을 제공해주던 아름드리나무가 베어지고
삼백 킬로를 넘게 수확했던 매실나무도 사라졌습니다.
그 아기자기했던 공간이 불도저 굉음 속에 황량하게 변해버렸지요.

그 매실나무가 지금쯤은 튼실한 열매를 매달고
풍성함으로 다가왔을 텐데…. 참으로 안타까운 생각이 듭니다.

이 세상을 지배하는 것이 인간인 것은 틀림없어 보입니다.
평지만 있으면 개간을 하여 논밭을 일구고
도시에서 도시로 거미줄 같은 도로망을 구축하고
머무는 곳마다 거대 콘크리트 구조물로 도시를 구축하고 사는 생물은
지구상에 인간밖에 없으니까요.

지난번에 동해의 시멘트 공장에 갔었을 때
『시멘트 이야기』라는 홍보 영화를 15분간 보여준 적이 있습니다.
시멘트가 도로가 되고 건물이 되고 교량이 되고….
시멘트 없는 세상은 엄두도 나지 않을 것 같았습니다.

포항제철에 갔더니
'아이언 이야기'를 들려주더군요.
철기시대부터 인간 삶의 이야기와
주거, 교통, 첨단산업, 신소재, 일상생활에 이르기까지
철이 없는 세상도 꿈꾸지 못할 것 같았습니다.

그 시멘트와 철이 만나 세상의 골격을 이루고 있습니다.
우리의 삶이 하루도 그 속에서 이루어지지 않는 날이 없고 보면
인류의 삶은 편해진 것만은 틀림이 없습니다.

그 단단한 문화도 좋지만
부드러운 흙을 맨발로 밟고
발가락 사이로 삐져나오는 흙의 감촉을 느낄 수 있는
사람 냄새나는 문화도 상당히 중요한 것인데
그것을 잊고 살 때가 많다는 것이지요.

사형수를 눈물짓게 하는 것은
비난이나 모진 회초리가 아니고
따뜻하게 감싸 안는 사랑이라는 것을 잊으면 안 되는 이유입니다.

 교도소에 간 기억

북한에선 교도소를 교화소라고 부릅니다.
교도소는 '矯導所'라고 쓰지요.
즉, 교정하고 인도하여 다시 사회로 돌려보낸다는 의미를 갖고 있습니다.

북한의 교화소는 '敎化所'라고 쓰며
가르치어 변화시키는 장소라는 의미가 있습니다.
교도보다는 교화라는 단어가 인간적인 냄새가 더 나는 것 같습니다.

교도소에 가본 적 있으신가요?
저는 대학교 3학년 때 흔히 이야기하는 닭장 차를 타고
춘천 교도소에 가 본 적이 있습니다.
옛날 온의동이 아니고 지금 동내초등학교 옆에 있는 새로 생긴 시설이었지요.

입구서부터 철창으로 삼중 잠금장치가 되어 있고
높은 망루의 감시망과 삼엄한 교도관들이 즐비한 곳
첫인상은 고정관념과 달리 참 깨끗하다는 생각이 들었습니다.
(철창은 감시가 참으로 용이하다는 장점이 있더군요.)

왜 갔냐고요?
제가 대학 다닐 때 MRA(도덕 재무장)란 서클활동을 했거든요.
그 서클활동의 일환으로 위문공연차 갔었습니다.
자유를 재단당한 채 삶을 이어가는 재소자의 모습이
참으로 안타까움으로 다가오더군요.

혹시 교도소에 한 사람도 수감되어 있지 않다면

교도소 측에서 어떤 일을 하는지 아시나요?
정문의 국기게양대에 흰색 깃발을 내건답니다.
"우리 교도소엔 재소자가 한 명도 없어요." 이런 표현이지요.

사실인지는 모르겠으나
이스라엘이라는 나라는 교도소에 흰 기가 올라간 기간이
내려진 기간보다 길다는 이야기가 있더군요.
우리나라는 교도소가 부족하여 더 지어야 할 판이라는데요.
재소자 수가 건강한 사회의 지표가 될 수도 있다는 생각이 들었습니다.

우린 가끔 나와 삶의 궤적이 다르고, 가치관이 다르고
생활 및 사고방식이 다른 사람들을 "틀리다."라고 표현합니다.
뒤집어보면 나는 무조건 "옳다."가 되는 셈이지요.
하지만 틀린 것이 아닌 다른 것으로 인식하는 것이 필요합니다.

이름 대신 번호로 살아가는 재소자들이지만
우리 보통사람들하고 다를 것이 없는 평범한 사람들이거든요.

정채봉 님의 수필을 읽다가
병원살이가 감옥살이보다 나을 것이 없다는 표현을 보고
갑자기 옛일이 생각나 몇 자 끼적여 봅니다.

깊은 강은 소리 없이 흐릅니다

붉은 장미의 함성 속에 유월이 깊어갑니다.
담을 의지한 덩굴장미도 화려한 자태로 세월을 염탐하고
복숭아와 같은 여름 과일도 투명한 햇살 아래 속살을 찌우고 있습니다.

완두콩은 있는 힘껏 손을 뻗어 지지대를 부여잡고
하얀 꽃망울을 터트리고
울타리 밑에 심은 호박도 땅이 보이지 않게 성장을 이루었습니다.

식물의 성장활동은 놀람을 넘어 경이롭기까지 합니다.
가끔 농작물에 낀 애벌레를 볼 때가 있습니다.
물론 잎에 여기저기 구멍을 뚫어 놓아 보기에 좋지 않고
수확물이 줄어드는 폐해는 있지만
그 역시도 깨끗한 자연의 일부라고 생각하면 즐거움이 있습니다.

잎을 갉아 먹는 애벌레는 식물들에 꼭 해로움만 끼치는 것은 아닙니다.
대부분의 애벌레는 연한 잎을 좋아합니다.
즉, 생장점 부근의 잎들이 이에 해당하지요.
생장점을 잘리게 되면 식물들은 더 큰 역량을 발휘해서
잔가지들을 많이 생산하게 되고
결국 더 많은 열매를 맺는 결과를 가져오게 됩니다.

즉, 해로움 속에서도 이로움이 있는 것이며
이것이 공존의 논리 속에서 이해되어야 한다는 것이지요.
자연은 이렇듯 놀라운 조화력을 가지고 있습니다.
세상을 살다 보면 나의 마음을 아프게 하고
고통스럽게 하고 괴롭게 하고….
일생에 도움이 안 되는 사람도 있을 겁니다.
그러나 그 어려움을 포용하고 잘 견디어내면
인생의 깊음이 여유로움으로 찾아올 수도 있을 겁니다.

깊은 강이 소리 없이 흐르는 법입니다.

 자신을 찾아 떠나는 여행

올여름에는 전기가 들어오지 않고
휴대전화도 터지지 않는 외딴섬이나 심산유곡으로
3박 4일 정도 여행을 떠나고 싶습니다.

인위적인 생태 공간을 벗어나 오로지 자연의 품에서 노닐다 오는 것도
큰 의미가 있어 보입니다.
아침에 동산 위로 떠오르는 태양을 맞이하고

조그만 오솔길을 따라 발등에 차이는 이슬을 느끼며
청아한 새소리를 벗하고
물소리 바람소리에 묻혀온 자연의 이야기들….

풀밭을 맨발로 걸어도 유리조각에 다칠 염려가 없고
좌우를 살피며 경계하지 않아도 사람의 홍수 속에서
만날 수 있는 여러 가지 위험요소가 없으며
나무가 제공하는 시원한 그늘 속의 쉼이 있고
풀벌레 노랫소리가 은은히 들리는 삶의 여유로움이 있는 공간

갑자기 속세로 돌아오게 만드는 핸드폰 벨 소리가 없고
컴퓨터 게임과 인터넷의 유혹이 없는 공간에서
그동안 하지 못했던 마음속의 언어들을
자유 공간에서 마음껏 풀어놓고 싶습니다.

지붕이 없는 공간에서 누워
밤이 되면 쏟아질 듯한 별빛을 바라보며
어린 날의 꿈과 추억을 되살려내는 것도 의미 있어 보입니다.

그런데….
그런 공간이 점점 없어져 가고 있습니다.
아주 시골이라 여긴 공간에도 전기가 이미 들어와 있고
휴대전화가 빵빵하게 터지니 말입니다.

하늘이 푸르른 날
삶에서 꼭 필요한 기본적인 재료만 넣은 배낭을 지고
자연의 품으로,
자신을 찾아 여행을 떠나고 싶습니다.

 문명과 반문명

봄을 화려하게 수놓았던 벚꽃이 꽃비 되어
허공 속으로 인멸된 것이 어제런듯 한데
나뭇가지 끝마다 씨앗을 매달고 까맣게 익어가는 것을 보면
참으로 감탄스런 생각이 듭니다.

진다는 것은 사라진다는 것을 의미합니다.
그런데 정작 이 사라지는 것이
또 다른 열매의 시작이 되고 있는 것이지요.
자연으로 돌아가는 無에서 또 다른 有의 모습을 발견하는 것은
자연의 오묘한 조화이며 삶의 희열입니다.

소담스런 버찌를 보면서 2,000년 전 살다간 노자를 생각합니다.
노자는 無를 有보다 우위에 두었습니다.

만물의 본체는 無이며 이 무에서 有가 나온다고 주장하지요.
노자는 유무상생(有無相生)의 원리를 설파합니다.
만물은 고정 불변하는 것이 아니라
부단히 변화하는 동태적인 것이란 말씀이지요.

발뒤꿈치를 들고 오래 서 있을 수 없는 것이며
강풍은 아침 내내 불 수 없고
폭우는 하루종일 내릴 수 없습니다.
꽃이 핀 연후에 열매가 맺히듯
노자의 사상은 존재론적인 시각이 아니라
관계론적인 시각에서 출발합니다.

또한 노자는 강한 것보다는 약한 것에 관심을 두었습니다.
상선약수(上善若水)= 최고의 선은 물과 같다.
유능제강(柔能制剛)= 부드러움이 강함을 이긴다.
이런 말씀처럼 약자의 편에 서고, 약자를 더 신뢰하고 있지요.
그래서 노자는 풀뿌리와 같은 민초들의 삶과 그 궤를 같이합니다.

그의 학설을 한마디로 줄이면 무위자연입니다.
요즘의 현대적인 해석하자면
자연을 보호하는 최고의 방법은
개발하려고 하지도 말고, 보호하려고 하지도 말고
그냥 자연 상태로 놓아두는 것과 그 궤를 같이하지요.

그런데 기다리지 못해서,
아니면 더 잘할 수 있을 것 같은 조바심 때문에
일을 그르치는 경우가 많습니다.
어찌 보면 문명이라는 것도 지금은 찬란해 보일지라도
먼 훗날 그 문명이 반문명의 단초가 되고
인류 역사를 훼손하는 가장 큰 재앙의 시작일는지도 모릅니다.

과일이 가장 맛있을 때가
가지 끝에서 세월을 머금고 충분히 익어
툭! 떨어질 때라는 것을… 생각합니다.

2 장

인생 2모작

해가 바뀔 때마다 연륜의 나이테가 생기는 것은
누구에게나 주어진 공평이겠지만
노년을 아름답게 살아낸다는 것은
미리 준비한 자만의 선택일 수 있습니다.

 독서와 여행

“독서는 앉아서 하는 여행이고
여행은 걸어 다니면서 하는 독서이다.“라는 말씀이 있습니다.

여행과 독서는 내가 가보지 못하고 경험하지 못한 것에 대한
인식의 틀을 열어주는 문이며
내면으로 스미는 지식을 쌓는 행위입니다.

그 행위를 통해서 지혜가 깊어지고, 인격이 다듬어지며
깊은 통찰력을 갖게 되고, 나날이 성숙해져 갑니다.
여행과 독서는 이렇듯 많이 닮아 있습니다.

책을 많이 읽은 사람과
여행을 많이 한 사람과의 대화는 언제나 즐겁습니다.
그 마음이 지혜로 충만하며 타인에게 열려있기 때문이지요.

아이를 훌륭하게 만들고자 한다면
지금 책꽂이에 꽂혀있는 책이 어떤 것인가를 살펴봐야 합니다.
그리고 좋은 책으로 조금씩 책장을 채워가며
함께 읽는 습관을 길러가야 합니다.

옛말에 독만권서 행만리로(讀萬劵書 行萬里路)라는 말씀이 있습니다.

즉 "만권의 책을 읽고, 만 리를 여행하라."는 의미입니다.

만권의 책을 읽는 것과 만 리를 여행하는 행위는
결국 한 권 한 권, 한 걸음 한 걸음이 모여서 이뤄지는 결과임을
겸허하게 받아들일 필요가 있습니다.

> 저는 책을 살 때마다 미안한 마음이 들어요.
> 책 한 권이 만 원, 이만 원 하는데, 저자가 이 책 한 권을 쓰는 데
> 얼마나 많은 힘을 쏟고 얼마나 많은 고생을 했을까?
> 내가 단돈 만 원에 어떻게 이 사람의 사상과 생각을 가질 수 있을까?
> 하는 생각이 들거든요.
>
> 숙명여대 한영실 총장님의 말씀

 문명의 반대말

대개 문명의 반대말로 미개(未開)라는 표현이 있습니다.
미개의 사전적 의미는
"사회가 발전되지 않고 문화 수준이 낮은 상태."라고 되어 있지요.

어쩌면 이 세상엔 미개란 존재하지 않습니다.
문명에 대한 편견이 존재하는 것뿐이지요.

얼마 전 『아프리카의 눈물』이라는 제목의 다큐가
안방을 점령한 적이 있습니다.
많은 사람들은 그 사람들의 독특한 삶의 방식과
문화양식에 대하여 미개하다고 느꼈을지 모릅니다.
하지만 그들은 그들 나름대로 의미 있는 삶의 양식과
자연을 대하는 태도, 인간에 대한 따뜻함을 갖고 살고 있습니다.
자연 상태로 살아가는 것을 미개로 보는 것은 위험한 일이지요.

나와 다른 것에 대한 포용력을 길러야 합니다.
지구상에 살아가는 70억 인구 중에
DNA 구조가 같은 사람은 단 한 사람도 없습니다.
그러니 모두가 저마다 가치관과 생각이 다를 수밖에요.

나와의 다름을 인내하지 못하는 사람은 편협한 사람이 되기 쉽고
일견 편견에 빠지기도 쉽습니다.
남의 입장과 가치를 인정해 주는 포용력이 중요합니다.
그것이 줏대 없음이 되지 않도록 자신만의 판단력도 갖고 있어야겠지요.
남은 자신을 비추는 거울입니다.
어쩌면 남을 보기 이전에 자신을 먼저 보는 사람이 한층 더 여유롭고
멋있어 보입니다.

 나무와 조각가

오래전에 살다간 사람들의 미려한 필체는
대부분 암석이나 비석에 새겨 놓은 것들입니다.
이러한 석조 문화는 천년 세월을 비바람에 씻기우고
돌이끼로 뒤덮인다 해도 본래의 의미를 잃지 않습니다.

글을 잘 쓰는 서예가라도
정을 다루는 조각가를 제대로 만나지 못한다면
그 멋스러움을 뽐낼 재간이 없습니다.
그리하여 까다로운 서예가는 자신의 글체를
새기는 전문 석수장이와 함께 일하곤 했습니다.

아무리 좋은 재질의 나무라도
목수를 제대로 만나지 못하면 빛을 잃는 경우와 같다고 할 수 있겠지요.

프랑스 샹젤리제 뒷골목에서
열심히 나무에 조각을 하고 계시는 할아버지의 모습을
오랫동안 관찰할 기회가 있었습니다.

하얀 백발에 도수 높은 안경을 쓰고
투박한 손으로 끌과 망치를 능숙하게 다루는데
그의 손길이 지나가는 곳마다

신기할 정도로 학의 형상이 조금씩 조금씩 드러나 보이는 것이
여간 신기한 것이 아니었습니다.

그 나무는 조각가 할아버지를 만나지 못했다면
누구도 주목하지 않는 나무토막으로
세상의 귀퉁이에 버려져야 하는 운명이었을지 모릅니다.

그 하찮은 나무가
목수의 숨결을 만나고
그 영혼의 순수함이 불어넣어 져
순수한 예술로 거듭나 대단한 작품이 됩니다.

어쩌면 우리도 재질의 호불호를 떠나
아이들이란 나무를 만나서
세월의 흐름 속에서 그 자취를 새기고 있는지 모릅니다.
조각가의 좋은 실력을 담보하지 않고는
그 나무가 훌륭한 작품이 되기 어렵습니다.

그것이 오늘을 의미 있게 살아야 하는 가장 큰 이유입니다.

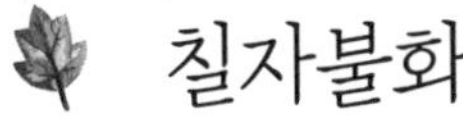

칠자불화

한자 성어에 漆者不畵(칠자불화)라는 말씀이 있습니다.
옻 칠/ 놈 자/ 아니 불/ 그림 화
옻칠을 하는 사람은 그림을 그리지 않는다는 뜻입니다.

오 년 전에 화전 누이의 집에서 옻나무를 베어다가
닭과 함께 푹 삶아 옻닭을 해 먹은 적이 있습니다.
욕심이 과해 옻나무를 너무 많이 넣어서 끓인 탓에
먹기만 했는데도 온몸에 옻이 올라
열흘 동안 고생이 이만저만이 아니었습니다.

밤에 조금만 몸을 뒤척여도 가려움 때문에 잠을 깨니
사나흘 고생하자 입술이 부풀고 사람 꼴이 말이 아니더군요.
참으로 다행스러운 것은 출근에 지장이 없도록
손, 발, 얼굴만 멀쩡하고
나머지는 차마 눈뜨고 보지 못할 정도로 심했었습니다.

그 시절이 학교에서 교무부장의 직책을 맡고 3월 말에 일어난 일이니
사람들은 너무 일을 열심히 해서 부르텄는지 알고 인사치레를 하더군요.
남의 속도 모르고 말입니다.

옻은 옻나뭇과에 속하는 식물에서 나오는 진액을 일컫는 말입니다.

접촉성 피부염을 일으키는 물질 중의 하나이지요.
또한, 옻의 진액이 굳으면 까만색의 도료가 됩니다.
칠흑이란 말도 옻색에서 기인한 말이지요.

칠자불화란 옻칠하는 사람은 그림을 그리지 않는다는 뜻이니
한 사람이 두 가지 일을 하지 않음을 이르는 말입니다.
옛날 장인들을 한 가지 일에만 전념했습니다.
그리하여 최고의 경지에 이르기까지 노력하여 일가를 이루게 되지요.
만약 옻칠을 하면서 그림까지 그리게 된다면 둘 다 좋은 작품을 얻기가
어려울지도 모릅니다.

우식하게 노력해야 좋은 결실을 볼 수 있습니나.
현대는 급변하는 문명의 변화만큼이나
쉽게 결과를 얻고자 안달인 세상이 되었습니다.
진득함이 없이 조금 해보고 집어치우는 경우가 너무나 많습니다.

요즘 방송인 백지연의『크리티컬 매스』라는 책을 읽고 있습니다.
임계질량을 의미하는 크리티컬 매스는
바람직한 결과를 얻기 위해 필요로 하는 충분한 수나 양을 의미합니다.
즉, 어떤 일이든 성과를 보려면 어느 정도까지 쏟아부어
임계점을 넘어야 그 결과를 볼 수 있다는 뜻이지요.

1m만 더 파면 노다지를 건질 수 있습니다.

 길가에 피어난 패랭이꽃

비가 참 많이도 왔습니다.
잠시 비 그친 시간에 텃밭에 나갔더니
그동안 사람의 손길이 미치지 않은 어수선함에
정리 안 된 모습이 안쓰럽습니다.

고추는 비바람에 쓰러져 땅에 닿아있고,
잘라주어야 하는 잔가지들도 무성히 자라고,
상추는 옆으로 퍼지다 못해 제 흥에 겨워 높이 성장을 하고
청경채와 쑥갓은 이미 노란 꽃망울을 이었습니다.

그런데 유난히 눈길을 끄는 것은
길섶에 피어난 한 떨기 패랭이꽃입니다.
정갈한 꽃잎에 붉은빛이 선명한….
참 고고하고 멋스러운 꽃이지요.

이 패랭이꽃을 한문으로는 석죽(石竹)이라고 합니다.
돌과 대나무를 닮은 구석이 전혀 없는데도
석죽이라는 이름이 붙은 이유는
아마도 풀밭에서 자라 그 높이가 높지 않음에도
고고한 자태를 뽐내는 기품 있는 꽃이기 때문이 아닐까 하는
생각을 해보았습니다.

키가 크지 않다고 하더라도
꽃잎이 그리 넓지 않다고 하더라도
무리 지어 피어나지 못했다고 하더라도
있는 위치에서 최선을 다하여 피워 올린 꽃만큼
아름다운 것은 없습니다.

1910년에 미국에서 있었던 일입니다.
76년 주기인 핼리혜성이 지구와 충돌하여
지구가 멸망에 이른다는 멸망설이 팽배해 있었지요.

내일을 담보할 수 없는 현실 속에서
많은 사람들이 있는 재산을 털어서 흥청망청 썼습니다.
그 날이 왔습니다.
근데 망해야 할 지구는 망하지 않고
돈을 써댄 사람만 망했습니다.

현실이 어렵다고 남의 탓만 해서는 발전이 없습니다.
노력하지 않고 세월만 탓하거나
사회 현상만 노래하는 사람은 희망이 없습니다.
그래서 스피노자의 사과나무가 그리 감동적인지도 모릅니다.

패랭이꽃, 그 존재로의 고귀함을 닮고 싶은 아침에….

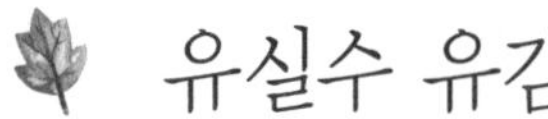

유실수 유감

유실수는 한자로 有實樹라고 씁니다.
한자 그대로의 풀이는 '열매를 맺는 나무'의 뜻이지요.

우리는 먹을 수 있거나 유용한 열매가 열리는 나무를
유실수라고 부르지만
엄밀히 말하면 거의 모든 나무는 열매를 맺으니
대부분의 나무는 유실수인 셈입니다.

사람이 자신의 이로움의 잣대로 마음대로 금을 긋고
편을 가르고 합리화를 시키는 모습을 쉬이 볼 수 있습니다.
사람들은 자신의 기준으로 자연을 생각하기 쉽습니다.
인간에게 귀찮게 생각되면 가차 없이 포획하여 잡아 죽이고
생활할 곳을 만들기 위하여 숲과 나무를 베어내고
편리성을 앞세워 자연을 훼손시킵니다.

자연을 대하는 태도가
자원이나 환경보다 늘 우위에 있다고 생각하여
늘 자신들이 사용할 용도로 밖에는 생각하지 않는데
문제가 있는 것이지요.

인간중심 사회에서

공존 논리가 참으로 중요합니다.
공존은 서로 도우며 함께 어우러진다는 것을 의미합니다.
아무리 훌륭한 호모사피엔스라고 하더라도
자연의 토대 없이는 살아갈 수 없습니다.

우린 자연 앞에서 너무 오만해 왔습니다.
가끔 엄청난 자연재해 앞에서 작아진 인간군상을 발견하곤
호들갑을 떠는 언론이 많지만
조용히 침묵하며 자신을 기꺼이 내어주는 자연 앞에
겸허한 마음으로 공존의 방법을 생각하는 사람은 적습니다.

자연에 대한 깊은 성찰과 반성 없이는
찌든 공해와 삭막한 환경으로 인하여
인류의 지속성을 담보할 수 없을지도 모릅니다.

성경에 보면
신이 인간에게 만물을 다스리라고 했다는 말씀이 있습니다.
어찌 보면 그 말도 인간이 지어낸 말일 수 있습니다.
그 말이 사실이라고 하더라도 다스리라는 말씀은
착취하라는 말씀은 아닐 겁니다.

사농공상

사농공상(士農工商)이라는 말씀을 아시지요?
그 선비라는 호칭은
조선 시대부터 즐겨 사용하던 순수 우리말이랍니다.

많은 사람들은 선비, 농업, 공업, 상인들 중에서 선비가 가장 으뜸이니
선비를 높이 우러르는 것이라고 이해하고 있겠지만
사실은 사농공상은 지배계층이 아니라 피지배계층이랍니다.
삶이 곤고한 피지배계층에서 그래도 나은 집단이 선비라는 것이지요.

지배계층은 왕(王) 아래 공경대부(公卿大夫)가 있었지요.
그들이 상류층을, 사농공상은 하류층을 이루고 살았답니다.

그래서 선비의 사전적 풀이는
학식은 있으나 벼슬하지 않은 사람
또는 학문을 닦는 사람을 예스럽게 이르는 말이니
권력하고는 거리가 멀지요.

인류가 권력 지향적으로 살아온 것은 틀림없는 것 같습니다.
로빈슨 크루소가 무인도에 살 때는 철저히 혼자였지만
중간에 흑인을 만나면서 제일 처음 가르쳐준 말이 있습니다.
"나는 주인, 너는 노예."

"I'm Master You are Slave."
둘만 되어도 계급이 생기고 힘의 불균형이 생기니 말입니다.
우리나라에서 권력에의 이동 및 신분상승의 자유가 활발했던 시기는 70~80년대입니다.
그때는 공부를 잘하거나 열심히 노력하면
빈손으로도 일가를 이룰 가능성이 높은 시기였지요.

요즘엔 개천에서 용이 나기 어려운 시대입니다.
가진 자들이 돈이라는 잉여 생산물로
합법적인 인간 계층화를 실현해 놓고
그 권좌에서 내려오려고 하지 않은 지 오래되었으니까요.

옛날엔 권력은 없어도 사회적으로 존경받던 계층이 선비였는데….
요즘엔 그것마저 무너져 상공농사로의 역순이 되어 있는 것 같아
왠지 씁쓸한 생각이 듭니다.

소림일지

오늘은 소림일지(巢林一枝)라는 성어를 소개합니다.
장자의 소요유에 나오는 글귀입니다.

"새가 둥지를 틀 때 쓰이는 것은
숲 속의 많은 나무 중에서 단 한 가지에 지나지 않는다."는 의미이지요.

그 말의 배경은 이렇습니다.
요 임금이 백성들을 다스리자 천하는 태평성대를 이뤘습니다.
백성들은 태평가를 부르며 그의 덕을 칭송했지요.
천하가 태평성대를 이루자 요 임금은 자신의 자리를
학문과 덕을 두루 갖춘 '허유'에게 물려주고자 했습니다.

"선생께서 즉위하면 천하를 잘 다스릴 텐데
제가 주인 노릇을 하고 있습니다.
저의 능력이 부족하니 천하를 받아 주십시오."

이에 허유는
"임금께서 천하를 잘 다스리고 계십니다.
그런데 제가 대신한다면 그것은 명예 때문일 것입니다.
새가 둥지를 틀 때 쓰이는 것은 숲 속의 많은 나무 중에서
단 한 가지에 지나지 않습니다(巢林一枝).
사람도 제 분수를 알고 만족하며 살아야 합니다." 하고 대답했다는
데서
기인한 성어랍니다.

그렇습니다.
숲이 아무리 넓다고 하더라도 새 한 마리가

모든 나무에 집을 지을 수도 없는 일이고, 또 그럴 필요도 없습니다.
단지 자신이 필요로 하는 것은 작은 나뭇가지 하나뿐이지요.

어쩌면 우리의 삶도
작은 나뭇가지 하나는 다 갖고 있는데
더 큰 나무를 찾고자, 크게 필요하지 않은 다른 둥지를 만들기 위하여
오늘의 행복을 유예하고 있는지도 모릅니다.

행복의 두께와 재물의 무게가 꼭 비례관계에 있는 것은 아닐 텐데
사람은 누구나 재물의 무게에 행복을 맞추려는 시도를 하고 있습니다.
조금만 내려놓고, 조금만 벗어놓으면
그만큼 행복의 영역은 넓어질 텐데 말입니다

독산림

독산림(獨山林)이란 말씀이 있습니다.
혼자서 산의 수풀을 관리한다는 뜻이지만
국어사전에는 '한 명의 스님이 관리하는 절'의 뜻으로 올라 있습니다.

철원에서 가장 넓은 뜰은 이평벌입니다.

그 벌판의 어느 곳에서든지 서편의 공제선을 보면
산이 자연스럽게 이루어 놓은
마치 부처님이 누워있는 형상의 스카이라인을 볼 수 있습니다.

그 산의 이름이 지장산이고 보면
선인들이 작명(作名)의 멋스러움을 알 수 있습니다.

저는 불자와는 거리가 멀지만
탁본과 비문의 해석을 돕고자
오래전에 경북 봉화의 이름 없는 작은 암자에
몇 명의 스님과 동행한 적이 있습니다.

두어 시간 산길을 오르니
초라한 행색의 절이 나타났습니다.
40 중반쯤 되어 보이는 비구승이 관리하는 절인데
입구에 일주문도 없고
요사채 비슷한 건물에 불당을 지어 놓고
혼자서 관리하는 아주 작은 절이었습니다.
이른바 독산림인 셈이지요.
절 앞쪽에 비뚤비뚤 석축을 쌓아 만든 화단엔
그 여스님만큼이나 단아한 꽃들이 만개했던 것으로 기억합니다.

종교와 신념을 위하여 출가를 결심하고 실행에 옮기며
공부와 수행을 병행하는 그분과의

몇 마디 대화 속엔
깊은 공부 끝에 풀려나오는 인품의 향기가
초여름 뜰에 피어있는 꽃향기보다 진하게 묻어 있었습니다.

물론 삶의 방향이 다르니
그분의 말씀을 다 이해할 수는 없었지만
공감의 크기로 다가선 느낌 속에는
칠월의 긴 해가 오히려 짧았습니다.

우리는 살아오면서
껍데기를 치장하느라 정신없는 세월을 보내고 있는지 모릅니다.
화장을 하고, 성형을 하고, 명품을 걸치고….
겉치레에 신경 써왔던 것들의 부질없음을
그분을 보면서 느꼈습니다.

명품 인생은 결코 명품 물건으로는 만들 수 없습니다.

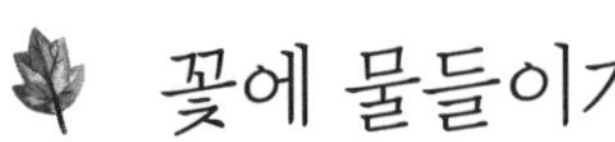

꽃에 물들이기

옛날 Dry Flower를 만들기 위해

꽃에 물을 들이는 작업을 한 적이 있었습니다.
관념적으로 물들인다는 표현 속에는
담그거나 뿌리거나 칠하거나….
이런 종류일 텐데
꽃의 경우는 그렇지 않았습니다.

하이얀 꽃을 대궁째 잘라서
염료를 물에 희석하여 통에 꽂아 놓으면
꽃 스스로 염료를 빨아들여 채색이 됩니다.
아주 섬세하고 예쁘게 물들지요.

이 자연스러운 채색의 고움은
말로 표현할 수 없습니다.
원래 흰색의 꽃이었다면
사용자가 원하는 색의 꽃으로 몇 시간 안에 만들 수 있는
오묘함이 있지요.

자연스러운 물듦을 보며
노자의 도덕경이 생각났습니다.
인법지(人法地) 사람은 땅을 본받고
지법천(地法天) 땅은 하늘을 본받으며
천법도(天法道) 하늘은 도를 본받고
도법자연(道法自然) 도는 자연을 본받는다.
즉 진실한 道는 자연 속에 있다는 이야기지요.

자연의 반대말은 인위라고 할 수 있습니다.
발굽이 두 개로 갈라져 있고
머리에 뿔이 나 있으며
달리면 갈기가 휘날리는 것은 자연이지만
목에 줄을 매달고
주둥이에 재갈을 물리고
코를 뚫어 코뚜레를 달아 놓는 행위는 인위라고 할 수 있지요.

그러므로 옛 성인(聖人)은
인위에 의해 자연을 어지럽히지 않았고
개인적인 욕망 때문에 본성을 어지럽히는 일을 경계했습니다.

중성 부력

작년 여름
팔월의 작렬하는 태양 아래
동해로 스킨스쿠버를 다녀왔습니다.

등에는 공기통을 메고
허리엔 5kg의 납덩이를 찼습니다.

만약에 웨이트 벨트를 이용하지 않으면
슈트의 부력에 의하여 잠수가 불가능하답니다.

일단 납의 무게에 의존하여 바닥에 다다르면
슈트(잠수복)를 공기로 적당히 부풀려서
더 이상 가라앉지도 뜨지도 않는 상태인
중성 부력을 만들어야 합니다.
그래야만 바닷속을 유유히 돌아다닐 수 있어요.

만약에 공기의 양이 많아 양성 부력이 크면
몸이 자꾸 떠올라 힘이 들고요.
그 반대로 음성 부력이 크면 바닥을 긁고 다녀야 하지요.

장자 외편 산목편에 이런 이야기가 있습니다.
장자가 산속을 가다가 가지와 잎이 무성한 큰 나무를 보았습니다.
나무꾼이 그 옆에 있으면서도 나무를 베지 않았습니다.
그 까닭이 쓸모가 없어서라는 것입니다.
그때 장자가 말하지요.
"이 나무는 쓸모가 없기 때문에 타고난 수명을 다 누리는구나."

장자가 산에서 내려와 친구의 집에 머물게 되었습니다.
친구는 기뻐하며 하인에게 거위를 잡아 요리하라고 했지요.
하인이 물었습니다.
"그중 한 놈은 잘 울고 한 놈은 울 줄을 모르는데 어느 놈을 잡을까요?"

친구인 주인이 말했지요.
"울지 못하는 놈으로 잡아라."

제자가 물었습니다.
"어제 산속의 나무는 쓸모가 없어 천수를 다했는데,
오늘의 거위는 쓸모가 없어 죽었습니다.
선생님께서는 어떻게 처신하시겠는지요?"

장자가 웃으며 말했습니다.
"나는 재목이 되고 재목이 되지 않는 것의 중간에 처신하겠다.
자연의 도와 덕이 행하여지는 곳에서만 재난을 면할 수 있을 것이다."

중성 부력처럼 중간에 처할 수 있어야 합니다.
지나치게 강하면 부러지게 되고
지나치게 부드러우면 일을 그르칠 수도 있습니다.
관대함 속에 엄격함을 지닐 수 있어야 하고
추상같음 속에 온화함이 있어야 합니다.

채찍을 자주 휘두르는 방식으로는
말을 멀리까지 몰고 갈 수 없습니다.

층을 이룬 자연

지구에서 가장 흔한 색이 있다면 그것은 푸른색일 겁니다.
온 산야를 뒤덮고 있는 초목의 색이 그렇고
지구의 70%를 차지하고 있는 바다의 색이 그렇고
무한히 뻗어있는 하늘색이 그렇습니다.

인간은 좁은 면적에 많은 인구가 살기 위하여
여러 층으로 된 건물을 짓고 살아갑니다.
그건 식물들도 마찬가지여서
숲을 잘 살피면 그들도 나름대로 공간 활용을 위한 층을 이루며 살아가는 것을 볼 수 있습니다.

땅바닥에는 키가 크지 않은 작은 풀들이 자리매김하고 있고
중간쯤에는 관목이
상층에는 교목이 자리하여 햇살과 공간을 나누어 사용하고 있습니다.
누가 시키지 않아도 자연은 있는 그대로의 모습 속에서
가장 높은 효율을 추구하고 있는 셈이지요.

거위벌레를 아시는지요?
참나무에 기생하는 벌레인데요.
도토리에 구멍을 뚫어서 그 속에 알을 낳고,
거기서 부화한 유충이 도토리 과육을 먹고 자라는 벌레이지요.

이 벌레는 알을 낳은 뒤 알이 안전하게 부하가 되도록
참나무 가지를 예리한 입으로 잘라서 땅바닥에 떨어뜨리는 작업을 반복합니다.
사람들은 이 벌레를 해충으로 생각하겠지만
자연 속에서는 의미 있는 벌레로 해석할 수 있습니다.
깊은 숲에선 무성해진 큰 나무가 햇빛의 통과를 방해하여
아래 사는 작은 식물들의 성장을 저해하게 됩니다.

하지만 거위벌레의 가지치기는
도토리는 제대로 성장하기도 전에 구멍이 뚫린 채 바닥에 떨어지지만
큰 나무가 독점했던 햇빛이 작은 나무나 덩굴식물에 비춰지는 계기가 되지요.
거위벌레의 종족 번식을 위한 작은 행동이
결과적으로 작은 나무와 풀들에 커다란 은혜로 다가간 것이지요.

자연을 인간중심으로 해석하지 말아야 할 이유이기도 하구요.

더불어 생각하면
우리가 살아가면서 자기중심적으로 사고하고 판단할 것이 아니라
상대방을 이해하고 배려하는 태도 또한 매우 중요한 것임을
말 없는 자연 속에서 배울 수 있습니다.

 요즘 아이들의 버릇

고대 이집트 스핑크스에 새겨진 낙서가 있었습니다.
누가 기록했는지 언제 기록했는지 어떤 내용인지 알 수 없는 내용이었지요.
고고학자와 문화인류학자, 언어학자들이 총동원되어
그 실마리를 풀려고 노력했습니다.
오랜 세월 끝에 알아낸 내용의 진실은
"요즘 젊은이들은 버릇이 없다."란 뜻이랍니다.

요즘 회남자를 읽고 있습니다.
지인의 남편이 저술한 책인데
고맙게도 책을 보내주셔서 재밌게 읽고 있지요.

BC 2세기에 쓰인 회남자에도 이런 내용이 있습니다.
"옛날에 사람들은 순박하였고 기술자들은 충실하였으며
상인들은 소박하였고 여인들은 정숙하였다.
이 때문에 다스리고 교화시키는 것이 쉬웠고
풍속을 바꾸는 것도 어렵지 않았다.

그러나 지금 세상은 덕이 날마다 쇠퇴하고
백성들의 풍속이 나날이 각박해져
소박한 법으로 이미 망가진 백성을 다스릴 수가 없다."

예나 지금이나 젊은이들은 버릇이 없었던 것 같습니다.
고대나 중세 근대에 이르기까지 세상이 쭉 버릇없음으로 일관되었다면
지금쯤 세상은 뒤집어질 정도로 형편없어야 하는데….
주변을 보면 꼭 그렇지만도 않은 것 같습니다.

어찌 보면 젊은이의 버릇없음의 잣대가
기성세대의 가치관이기 때문에 그런 평가가 나왔는지도 모릅니다.
좀 더 마음을 열고 젊은이들의 세상을 들여다보아야 할 필요가 있는
이유이기도 하지요.

그런데….
100번을 양보하더라도
요즘 아이들은 정말 버릇이 없습니다. ^^

천장벽화

동송읍을 넘어 민통선 턱밑까지 다다르면
도피안사라는 유명한 절이 있습니다.
유서가 깊은 절이지만 아직도 증축 공사 중이지요.
건물이 완공되면

한옥과는 달리 단청이라는 것을 칠하게 됩니다.
단청을 하는 이유는 건축물의 주재료인 소나무 표면을 보호하고
균열 및 해충을 막기 위함도 있고요.
건물을 아름답게 꾸미기 위해서이기도 하지요.

이 단청은 이미 칠해져 있는 것을 가져다 붙이는 방식이 아니라
건축물을 다 지어 놓은 다음에
단청장이가 건물에 매달리다시피 하여 칠하게 됩니다.
그 과정의 어려움은 상상 이상이지요.

프랑스 베르사유 궁전에 갔을 때
화려한 장식과 멋을 다해 지어진 정원,
예술성이 살아있는 조각품도 멋있었지만
가장 압권은 천장에 그려진 벽화였습니다.
그 섬세하고 유연하며, 아름다운 그림은 두고두고 뇌리에 남았습니다.

그 천장벽화를 그리기 위해서 화공들은 몇 년이고 누워 천장을 보며
그림을 그려야 했습니다.
대부분의 화공들이 목디스크 때문에 정상적인 생활을 하기가 어려웠고
지나친 작업량 때문에 중간에 목숨을 끊는 사람도 있었다고 하더군요.

그냥 눈으로 아름다움에 넋을 잃고 바라만 볼 것이 아니라
결국 그 아름다움이라고 하는 것은
숱한 사람들의 고생과 노력의 결과였다는 것도 함께 볼 수 있어야 합니다.

그런 시각이 편견을 없앨 수 있고
동전의 양면을 볼 수 있는 올바름을 갖출 수 있는 혜안을 갖게 합니다.

 DMZ 소고

한반도의 허리를 뱀처럼 감아 도는 DMZ*는
어찌 보면 육지 속의 섬입니다.

지난 일요일
좋은 사람들과 철원 안보관광에 나섰습니다.

아무도 들어갈 수 없는 DMZ
손에 잡힐 듯 눈앞에 존재하지만
누구에게도 허락되지 않는 금단의 땅이지요.

전쟁의 상흔이 빚어놓은 비무장지대는
세계적으로 유래를 찾아볼 수 없을 정도로 군인 밀집도가 높고
알게 모르게 각종 첨단 무기들이 상대방을 겨누고 있는
경직된 역사가 현재진행형으로 존재하는 곳이지요.

이 조용한 공간에
새끼들을 거느린 멧돼지 떼와
고라니가 철책 사이를 뛰노는 광경을 쉬 볼 수 있었습니다.
왜가리들은 지뢰지대 안의 솔가지를 차지하고 둥지를 틀었고
비상하는 독수리 한 마리가 여유롭습니다.

철책을 사이에 두고 서로의 길을 달리한 것이
벌써 60여 년이 흘렀습니다.
이 공간을 평화의 공간으로 조성하자는 이야기가 있는데
서로의 신뢰를 담보하지 않고는 불가능한 일이겠지요.

이념과 사상은 생각 속에 존재하는 것일 텐데요.
그 다름이 가져온 상처가 너무 큽니다.

생각이 참으로 중요합니다.
긍정의 힘 또한 생각 속에 자리합니다.
좋은 생각이 명품 인생을 만듭니다.

---

* DMZ = DeMilitary Zone = 비무장지대

 신의 영역을 침범한 인간

지루한 장마가 그쳐 좋기는 한데
한낮의 열기가 사람을 지치게 합니다.

캘리포니아 공과대의 신경 과학연구실의 스티븐 퀴츠 교수는
"뇌를 보여주면 마음을 읽어 주겠다."라고 했습니다.
기능성 자기 공명 장치를 이용하면
뇌를 통해 사람의 마음을 읽을 수 있다고 합니다.

네덜란드의 '시험관 고기 컨소시엄'에서는
실험실 돼지고기를 공개했습니다.
줄기세포 복제를 통해 돼지고기를 만든 것입니다.
같은 방식으로 소, 닭, 양고기도 만들 수 있고 합니다.
앞으로는 고기를 목장이 아닌 공장에서 만드는 인공육류 시대가 올지도 모릅니다.

또한 현재 인간이 개발한 기술로도
사람을 복제할 수 있으며, 피부색, 눈동자의 색
키나 몸무게, 심지어는 감정까지 컨트롤하여 생산할 수 있다고 하니
먼 미래에는 인간도 컨베이어 시스템에서 양산될 수 있을는지 모릅니다.

태어나기 전에 성별을 아는 것은

너무나 일반화되어서
생명의 신비를 잃은 지 오래되었고
인공장기의 시대가 열린 지도 오래되었습니다.

인공눈, 인공심장, 인공와우, 인공관절….
사람이 점점 사이보그가 되어가고 있다는 느낌이 듭니다.

생물이 태어나서 성장하고, 자연스럽게 늙어가고
때에 이르면 자연으로 돌아가는 것이 순리일 텐데
인간의 수명 연장의 욕구는
냉동인간을 만들어서라도 오래 살고 보자는 느낌으로 가득 차 있습니다.

생각을 읽을 수 있다면 곧 쓸 수도 있을 것이고
추억과 지식을 팔고 사는 세상이 될 수도 있겠으며
어떤 것이 진실이고 허위인지가 뒤죽박죽된 혼돈 속에서
인간의 존엄성이 훼손될 수 있을 것입니다.

과학의 발달이 인간에게 주는 혜택을 부정하자는 것이 아니라
과도한 발달의 산물이 신의 영역을 침범한 인간들을
불행하게 만드는 단초가 될 수도 있기 때문입니다.
신의 영역은 신의 영역으로 두는 것이 훨씬 인간다워 보입니다.

예쁘게 장식되고, 꾸며져서 특별한 손님이나 와야 내놓은 그릇보다
투박하더라도 일상으로 사용되는 그릇이 훨씬 더 멋스러운 법입니다.

인생 2모작

농사를 한자로 農이라고 씁니다.
파헤쳐 보면 辰 부수와 曲 자가 연결된 글자지요.
이 曲 자는 노래를 의미합니다.
농사꾼의 노랫소리를 들으며 농작물이 성장한다는 뜻입니다.
에둘러 말하면 농사꾼의 발걸음 소리를 들으며 자라는 것이 작물인 셈입니다.

인간의 수명이 비약적으로 늘었습니다.
작물을 1년에 두 번 걷어 들이는 것을 2모작이라고 하듯이
인생을 두 번 설계하는 것을 인생 2모작이라고 합니다.

60세에 정년을 맞이한다면
100세까지 산다고 가정했을 때
대략 16만 시간이 덤으로 주어지는 셈입니다.

80살 된 피아니스트가 있었습니다.
그는 하루도 연습을 게을리하지 않았지요.
주변에서 묻습니다.
"이제 명성도 쌓을 만큼 쌓았고, 실력도 누구나 인정하는 정상인데
그리 연습을 하는 이유가 무엇인지요?"
"연습을 하면 지금도 조금씩 발전하는 나를 느낄 수 있다오."

담담하게 돌아온 그의 대답이었습니다.

나이가 문제 될 것은 아니지요.
가끔 정년을 맞이하고 여러 해가 지난 다음에
우연하게 만남의 자리를 가질 때가 있습니다.
어떤 사람은 알아볼 수 없을 정도로
노화가 진행된 분이 있는가 하면
정년 때와 거의 변화 없이 활기찬 모습을 보여주는 분이 있습니다.

어찌 보면 그것이 열정의 차이가 아닐는지요.
척박한 땅에 떨어진 씨앗이라고
아름다운 꽃을 피워 올리지 못하는 것은 아닙니다.
어쩌면 그 부족함으로 인한 노력이 더 맑은 향기를 낼 수도 있습니다.

해가 바뀔 때마다 연륜의 나이테가 생기는 것은
누구에게나 주어진 공평이겠지만
노년을 아름답게 살아낸다는 것은 미리 준비한 자만의 선택일 수 있습니다.

인생 2모작 시대….
잘 준비된 삶만이 황혼이 얼마나 아름다운지를
주변에 향기로 남길 수 있습니다.

 높은 산 오르기

오랜만에 보는 파란 하늘, 비 갠 뒤의 투명한 공간이
청량감을 더해주는 아침입니다.
여름은 열매의 열림을 의미하나 봅니다.
울타리에 심어 놓은 농작물의 성장 속도가 놀라움 너머 신비하기까지 합니다.

토마토는 어른의 키를 훌쩍 넘어 실한 열매를 매달았고,
울타리 높이가 모자란 오이와 호박도 튼실한 열매를
보듬어 키우고 있습니다.
세월 속에서 성장하는 것들의 아름다움이 온 들에 가득합니다.

겨우내 집에서 기른 병아리를 이른 봄에 밖에다 내어 놓으면
대부분 추위에 얼어 죽고 맙니다.
하지만 같은 병아리라도 겨울을 바깥에서 지낸 것들은
추운 날도 아무 탈 없이 잘 지냅니다.

높은 산에 오른 적이 있습니다.
제가 경험한 산의 최고 높이는 4,100미터이니
낮은 산은 아니지요.

동네 뒷산을 오르는 사람은 별 준비 없이 올라도 무리가 없습니다.

하지만 높은 산에 오르려는 사람들은
보통 사람들이 이해할 수 없을 만큼 많은 준비를 합니다.
기후도 변화무상하고 지형도 위험하니 철저하게 준비하지 않고는
등산의 성공을 기대할 수 없습니다.

산 아래부터 정상까지 30도 정도의 기온차이를 극복해야 하고
희박한 산소에서 오는 고산증을 견디어야 하며
높이만큼 긴 거리의 트래킹을 감수해야 하고
오로지 자신의 힘과 의지로서 올라가야 하는 외로움을 견디어야 합니다.

우리네 인생도 동네 뒷산이 될 수도 있겠으며
에베레스트 같은 장엄한 산이 될 수도 있을 것입니다.
어떠한 목표를 세우고 어떻게 준비하느냐 하는 것이
그 높이를 결정하는 가장 큰 지표가 될 것입니다.

꿈을 원대하게 갖고 매 순간 노력하는 삶이
가장 아름다운 이유일 것입니다.

선진국과 후진국

선진국의 반대말은 후진국이 아닙니다.
선진(先進)은 "앞으로 나가다."라는 의미를 가진 말입니다.
그렇다면 후진(後進)은 "뒤로 돌아가다."는 의미가 됩니다.
단어 그대로의 의미로는 지속적인 퇴보를 뜻하게 되지요.
후진국이라는 표현보다는 개발도상국이나 저개발국이란 표현이 옳습니다.

대부분 사람들은 경제력을 중심으로 선진과 후진을 분류합니다.
국민소득이 3만 불 이상을 선진으로 분류하는 학자도 있지요.
하지만 아프리카의 적도기니 같은 나라는 15년 전 석유가 나오면서
지금은 국민소득 5만 불이 넘는 부자 나라가 되었지만,
극심한 빈부격차와 높은 실업률 및 영아사망률 등등 선진국이라고 부르기는 어렵습니다.

요즘 어느 나라를 불문하고 개발도상국에는
공해문제와 산업 쓰레기 문제로 골머리를 앓고 있습니다.
그들이 원해서 만들어진 결과이기보다는
선진국들이 공해배출 공장 및 설비를 후진국으로 이전하면서 생긴 일이지요.

또한 선진국은 후진국을 이용해 부를 축적합니다.

도움을 준다고 하면서 실상은 그들의 뒷덜미를 잡고 있는 셈이지요.
개인의 빈익빈 부익부가 나라 사이에서도 통용되는 것입니다.
자력으로 그 굴레를 벗어나기는 참으로 어려운 일입니다.

그럼 선진과 후진을 가르는 기준이 무엇일까요?
일단 잘 살아야 하는 것은 기본일 테고요.
질서나 사회정의가 제대로 실현되고 있어야 하고
개인 및 언론의 자유가 있어야 하고
타인을 배려하고 봉사하는 시스템이 있어야 하고
사회보장제도가 어느 정도 정착되어 있어서
모두가 행복을 꿈꿀 수 있는 사회가 기준이 아닐까요?

우리나라가 선진국이냐 후진국이냐 하는 의견이 분분합니다.
어찌 보면 더불어 잘 사는 것이 중요한 일이지
어느 쪽으로 분류되는 것은 크게 중요한 일은 아닌 것 같습니다.

그러나 참으로 중요한 것은
선진국은 잃어버린 자연을 복원하기 위하여 세금을 쓰는데
후진국은 멀쩡한 자연을 개발하고 훼손하기 위하여 세금을 쓴다는
사실입니다.

합리적인 판단

맑게 갠 하늘 위에 뭉게구름이
왜 그리 고운지요.
언제 나타났는지 잠자리 떼의 군무가
무상한 세월의 흐름을 일깨워줍니다.

일이든 사랑이든 시작하는 순간부터 추억이 됩니다.
추억이란 과거에 있었던 일들을 머릿속에서 회상하는
행위를 의미합니다.

과거의 추억을 '다시 해보고 싶다.'라는 생각이 들면
그건 그리움일 것이고
그리움이 커서 뇌리에서 떠나지 않으면 미련이 됩니다.
추억이나 그리움, 미련은 모두가 사람의 머릿속에 저장되어 있기에
어떻게 사고하느냐 하는 사고의 방향성이 중요한 것 같습니다.

사람의 기억력은 그리 믿을 것이 못됩니다.
현상을 그대로 저장하는 것이 아니라
개인의 경험치와 일련의 희망 사항, 판단을 결부시켜
자신에게 유리한 방향으로 왜곡시켜 저장하는 경우가 많기 때문입니다.

또한 저장된 기억을 바탕으로 판단을 하게 되지요.

판단은 한순간의 결정 같아 보이지만
내부적으로는 계획적이고 치밀한 프로세스에 의해 진행됩니다.
따라서 기억력만 가지고 되는 것이 아니며
문제의 본질을 꿰뚫어 볼 줄 아는 혜안이 있어야 합니다.

사람을 평가하는 말 중에 합리적이란 표현이 있습니다.
원래 인간은 합리적인 존재가 아니라
가치 편향적인 존재일 수 있습니다.
살아온 과정과 생각의 방향과 개인의 취향이 다르기 때문입니다.

모든 부분을 빈틈없이 고려해서 최적의 대안을 선택하는 것은
대단히 중요한 일이지만
대부분의 사람은 그보다는 자신이 만족하는 순간이나 수준에서
판단하고 결정을 내리는 경우가 많지요.

그래도 합리적으로 살려고 노력하는 사람들이 있습니다.
그분들의 멋진 판단이 세상을 이롭게 합니다.

억울한 사람이 없는 세상을 꿈꾸며….

도덕경

학교에서는 도덕이라는 과목을 가르칩니다.
그러나 그 어원이 노자의 도덕경(道德經)에서 비롯하고 있음을 아는 이는 적습니다.
도덕경은 도경(37장)과 덕경(44장)을 합친 것이지요.
혹간 이본에서는 덕경이 도경보다 앞에 나와서
덕도경이라 불러야 한다는 주장도 있습니다.

어찌 보면 도덕이란 사람이 가치롭게 살기 위한 가장 기초적인 것인데요.
사람이 살아가는 윤리와 함께 참 중요한 과목인 것만은
틀림이 없어 보입니다.
옛날 입시에서 동점일 경우 도덕점수를 우선 적용한 것을 보아도 알 수 있는 일이니까요.

어찌 보면 도덕이란 인간이 지켜야 할 도리가 내재한 상태일 텐데요.
꼬부랑 할머니가 무거운 짐을 들고 가는데 들어드려야 한다든지
노약자가 버스를 타면 자리를 양보해 주어야 한다든지 하는 것들에도
교육의 힘을 빌린 이후에만 가능한 것인지
그런 가장 기초적인 것까지도 교육해야만 하는 사회가 슬퍼 보입니다.

요즘 학교의 가장 큰 문제는 생각하는 과정이 생략된 상태에서

정답이 미리 나와 있는 결과물을
줄줄 외우는 학생이 대접받는다는 사실입니다.
끊임없는 암기를 요구하여 생활에 큰 도움이 되지 않는 이론을 달달 꿰고 있는 형편이지요.

어찌 보면 책상을 접고
운동장에 나가 공을 차고, 달리며 협동심과 단결력을 배우고
같은 팀으로서 실력이 없더라도 보듬을 수 있는 포용력과
실질적인 경험을 통한 인지발달을 도모하는 것도 중요한 것인데 말입니다.

이론과 실제는 동행해야 합니다.
그래야 우리 아이들을 절름발이로 키우지 않을 수 있는 것이고
온전한 인격체로 자라게 할 수 있는 것입니다.

송나라 때 사마광이 지은 자치통감엔 다음과 같은 글이 실려 있습니다.
經師易遇(경사이우)이고 人師難遇(인사난우)라.
"경서의 문구를 가르쳐 줄 스승은 만나기 쉬우나
도덕을 가르쳐 인격을 양성해 줄 스승은 만나기 어렵다."

울타리 농사

학교 울타리에 오이, 호박, 가지, 토마토, 박 등
각종 쌈채를 심었습니다.
거름을 주고 김을 매 주었더니
울타리가 보이지 않을 정도로 성장을 이루었습니다.

방울토마토는 칠월의 햇살 아래
빠알간 색을 뽐내고
가녀린 박도 하이얀 꽃을 피워 올렸습니다.

울타리라는 속성상
여러 사람의 눈에 띄어
심고 가꾸기는 하지만 열매의 수확은 담보할 수 없습니다.
누군가 보고 먼저 따가는 사람이 임자인 셈이지요.

어찌 보면 나눔과 공유는
또 다른 열매를 맺을 수 있는 원천일 수 있습니다.
먼 훗날 기억 저편에서 좋은 느낌으로 각인되어 있을 수 있다면
그 또한 귀한 열매가 아닌가 싶습니다.

일전에 학교 아저씨가 예초기로 잔디를 깎으면서
오이와 박의 줄기를 건드려

무섭도록 성장하던 줄기가 하루아침에 말라버리는
사건이 있었습니다.

그런데 참 신기한 것은
줄기가 잘리고 5일이 지나
잎은 마르고 열매도 색이 바래 가는데
박꽃만은 하이얗게 해맑은 꽃을 피워 올리더군요.
악조건 속에서도 온 가지의 수분을 모아
꽃을 피우려는 식물의 생존 본능의 몸부림이 참으로 애처로웠습니다.

피어난 박꽃을 보면서
하찮게 여겼던 식물도 생각 없이 사는 것이 아니었구나 하는 생각과
종족 보존을 위하여 끝까지 최선을 다하는 모습에
마음이 숙연해졌습니다.

결과를 의심하지 말고 순간순간 최선을 다하는 것이
진정 아름다울 수 있다는 소박한 진실을
울타리에서 배운 소중한 하루였습니다.

명경지수

비가 정말 많이 오네요.
비 피해 없기를 바랍니다.

세숫대야에 물을 떠 놓으면
대야 속엔 구름이 둥둥 떠다니고
하늘과 산이 고스란히 담겨 있습니다.
이렇게 고요하여 맑은 거울과 같은 물을
明鏡止水(명경지수)라고 합니다.
밝을 명/ 거울 경/ 그칠 지/ 물 수

그토록 맑은 거울과 같았던 물도
조그만 조약돌을 던지면
온 산이, 구름이, 하늘이 형체를 알아볼 수 없을 정도로
흐트러지게 됩니다.
실존적인 산이 구름이 하늘이 흐트러지는 것이 아니라
마음속에 관념이 그러할 수 있다는 것입니다.

이 명경지수는 다음과 같은 고사가 전해져 옵니다.
노나라에 형벌로 발 하나가 잘린 왕태라는 사람이 있었습니다.
그는 덕망이 높아 그를 따라 배우는 자가 공자의 제자와 거의 맞먹을 정도였지요.

공자의 제자 상계(常季)가 공자에게 묻습니다.

"왕태는 외발이 병신입니다.
그런데 그를 따르는 자가 선생님의 제자와 맞먹습니다.
그는 서 있어도 가르치지 않고, 앉아 있어도 의논하는 일이 없는데,
빈 마음으로 찾아갔던 자가 무언가를 가득 얻고 돌아옵니다.
그는 어떤 사람입니까?"

공자가 답했습니다.
"사람은 흐르는 물을 거울삼지 않고 잔잔한 물을 거울삼는다.
잔잔하게 가라앉았기 때문에 다른 모든 것을 비추어 줄 수 있다.
그의 경우도 마찬가지이다."

명경은 사물의 오고 감에 내맡긴 채 자신의 뜻을 나타내지 않습니다.
미인이 오면 미인을 비추고
추녀가 오면 추녀를 비추어 줍니다.
어떤 것이라도 받아들이기는 하나 그 자취를 남기는 일이 없습니다.
그러므로 계속해서 얼마든지 물건을 비추면서도 본래의 맑음을 상하게 하는 법이 없지요.
그처럼 사람의 마음가짐도 사물에 대해 차별도 없고 집착도 없이 자유로울 수 있어야 합니다.

이 명경지수와 비슷한 말로는
운심월성(雲心月性)이란 표현이 있습니다.

구름같이 맑은 마음과 달같이 밝은 성품을 의미하지요.

고요함은 외물에 있는 것이 아니고
내재한 절대 자유에 있다는 것을
마음가짐이 참으로 중요하다는 것을 깨달아야 합니다.

 길

길이 있습니다.
길의 사전적 의미는
사람이나 동물 또는 자동차 따위가 지나갈 수 있게
땅 위에 낸 일정한 너비의 공간을 의미합니다.

모든 길은 땅에 새겨진 일련의 기억이고
무수한 보행자가 땅 위에 남긴 핏줄과 같은 것입니다.
어느 마을, 어느 동네이건 길이 없는 곳은 없습니다.

학교에 가던 길, 나무하러 가던 길, 이웃 동네로 마실 가던 길
소 몰고 풀 뜯기러 가던 길, 버섯 따러 가던 길….
길은 여러 세대를 너머 풍경 속에 찍힌 연대감의 자취와도 같은 것입

니다.

또한 길은 개인의 삶이 시간에 따라 진행되는 과정을 뜻하기도 합니다.
그 사람이 걸어온 길이, 그 자취가
그를 대표하는 어떤 느낌으로 각인되어 나타납니다.

어떠한 길을 갈 것인가는 참 중요한 철학의 문제입니다.
길이 막히면 우회도로를 좋아하는 사람도 있을 것이고
정면 돌파를 좋아하는 사람도 있을 것입니다.

대부분의 사람은 길 위에 서면 바빠지게 됩니다.
여유보다는 목적지까지 빨리 가기에만 관심이 집중되어 있지요.
인생은 장기 레이스와도 같습니다.
조금의 여유가 길 위에서 만난 사람을 기억하게 하고
길 양옆에 펼쳐진 풍광의 아름다움을 느낄 수 있게 합니다.

"이 길은 어디로 가는 길입니까?"
"길이 가다니요?
길은 그냥 여기에 있을 뿐이고 당신이 가는 것이지요."

노인과 여인

몇 해 전에 유럽 6개국을 여행한 적이 있습니다.
파리 루블 박물관 앞에 섰을 때는
피라미드 형상의 조형물과 오래된 건축물 사이의 심미안적인
오묘한 조화가 멋스러웠습니다.

그 입구에 다음과 같은 그림이 있습니다.

루벤스(Rubens), 「Cimon and Pero(키몬과 페로)」

원래 이 그림은 푸에르토리코 국립미술관 입구에 걸려있는 것인데
위작이 아니라면 순회전시 중인 작품일 듯합니다.

화가 루벤스(Rubens)의 작품이며, 제목은 「Cimon and Pero(키몬과 페로)」입니다.

우리나라에는 '노인과 여인'으로 알려져 있는 그림이지요.
그림을 대충 훑어보아도
젊은 여인이 부끄럼도 없이 젖가슴을 드러내고 있고
노인이 젊은 여인의 젖을 빨고 있습니다.
딸 같은 여자와 놀아나는 노인의 부적절한 애정행각을 그린
작품으로 이해할 수도 있습니다.

그러나 그 나라 국민들은 이 그림 앞에서 눈물 어린 감동을 느낍니다.
커다란 젖가슴을 드러내 놓고 있는 여인은 노인의 딸이고
검은 옷을 입은 노인은 젊은 여인의 아버지입니다.

이 노인은 푸에르토리코의 독립투사였습니다.
그러다 체포당해 '음식물 투입 금지'라는 형을 받게 되지요.
아버지가 곧 돌아가실 것 같다는 연락을 받은 딸은
해산한 지 얼마 되지 않은 무거운 몸으로 감옥으로 갔습니다.
굶어 돌아가시는 아버지 앞에서 여인은 아버지를 위해 가슴을 풀었습니다.
알고 보는 것과 모르고 보는 것은 감동에서 큰 차이가 납니다.

요즘 인천공항을 통해서 국외로 나간 사람의 숫자가 하루에 20만을 넘는다고 합니다.

우리나라도 높아진 경제력만큼이나 해외여행이
보편화한 느낌이 있습니다.

문제는 건물 앞에서 인증 샷만 날리고
다음 코스로 이동하는 빨리빨리 증후군이
우리 여행에도 존재한다는 사실이지요.

수학여행을 인솔할 때도
아이들을 박물관에 내려놓으면
며칠 걸려도 못 볼 그곳을 한 시간 만에 주파하는 괴력을 발휘합니다.

작품을 대할 때 휙 둘러보는 것은 의미가 없습니다.
꼼꼼하고 섬세하게 보아야 그림 속에 감춰진 배경의 철학을 느낄 수 있는 것이고
그림의 진정성을 감동으로 느낄 수 있는 것입니다.

우리도 이젠 박물관을 갈 때 몇 개의 작품을 미리 선정하고
그 작품에 대해 깊은 성찰을 갖도록 준비하여
아는 것 이상의 느낌을 가지고 올 수 있는 문화를 키워야 합니다.

수박 겉핥기는 한자 성어로 서과피지(西瓜皮知)라고 합니다.
주마간산(走馬看山)이란 성어도 있지요.
속을 한 번 맛본 사람은 겉에는 관심이 없어지는 법인데 말입니다.

남에게 호감 얻기

원주에서 일주일 동안 연수받고 집에 돌아왔습니다.
일주일만인데도 뭐가 낯설었는지
샤워를 하다가 린스를 먼저 펌핑하여
할 수 없이 샴푸를 나중에 하였습니다.

잠깐 순서를 바꾸었을 뿐인데도
하루 종일 찜찜한 기분이 드네요.

강의는 말을 많이 하는 행위로 이루어지지만
수강은 주로 듣는 행위로 이루어집니다.
하지만 강사도 수강자의 이야기를 경청할 수 있어야 하며
수강자도 가끔은 말을 할 수 있어야 합니다.

살아가면서 남에게 호감을 얻는 것은 중요합니다.
남에게 호감을 얻는 것은 말을 많이 하는 데서 비롯되는 것이 아닙니다.
상대방 이야기에 주의 깊게 몰입하고
맞장구쳐주며 진정성 있는 모습을 보이면
좋은 느낌을 줄 수 있습니다.

삼국지의 주인공 유비는
귀가 얼마나 컸던지

자신의 귀를 쳐다볼 수 있었다고 합니다.

절에 가면 적멸보궁이 아니고서는 대부분 불상이 존재합니다.
그 불상을 자세히 들여다보세요.
얼굴에서 인간의 신체구조와 대비하여 비정상적으로 생긴 곳이 있으니
바로 귀가 길다는 것입니다.

귀는 두 개가 존재하고 입은 하나만 있습니다.
귀는 항상 구멍이 열려 있고
입은 대부분 닫고 생활합니다.

이 모든 것을 종합해 보면 많이 듣고 적게 말하라는
무언의 가르침이 존재함을 알 수 있습니다.
듣는 행위를 한자로는 청(聽)이라고 표현합니다.
이 글자를 하나하나 뜯어보면
耳 자와 王 자가 보입니다. 즉, 듣는 데는 귀가 왕인 셈이지요.
오른쪽에는 十 目 一 心이 세로로 나란히 있습니다.

열 사람의 눈이 한 사람의 마음을 지켜보고 있다는 의미지요.
남이 바라보고 있을 때는 잘못을 저지를 수가 없거든요.
그래서 공명정대하여지고 공평무사하게 되는 것이지요.
글자의 모든 의미를 조합하면
귀를 왕으로 삼고 생활하면 사람이 덕스러워진다는 것이지요.
이 글자 옆에 두 사람을 의미하는 두인변을 추가하면 덕(德)이 되니

말입니다.

오늘부터라도 적게 말하고 많이 듣는 것을 생활화해야겠다는
다짐을 해 봅니다.

호감은 얻는 것이지
주는 것이 아님을 깨닫는 것도 중요합니다.

3 장

인생의 나이테

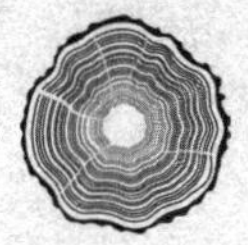

우리네 인생에도 나이테가 생깁니다.

나무의 나이테와 다른 것은

나무는 스스로의 힘으로 나이테를 만들지만

인간은 타인의 시각을 통해 얻어지는 속성이 있다는 것입니다.

공자와 에픽테토스

공자의 아버지는 숙량흘(叔梁紇)이라는 사람입니다.
숙량흘은 세 번째 부인인 안징재(顔徵在) 사이에서 공자를 낳았습니다.
공자가 태어날 당시 아버지의 나이는 70세의 고령이었으며
어머니는 안씨 집 셋째 딸로 어린 나이였다고 합니다.

더군다나 둘은 결혼하기 이전에 야합(혼전 성행위)으로
임신하여 애를 낳았으니
요즘 말하는 이른바 속도위반인 셈이고
좋지 않게 표현하면 사생아인 셈입니다.

공자는 태어나서 머리가 언덕과 같이 짱구였기 때문에
구(丘: 언덕 구)라고 이름을 지었다고 알려졌습니다.

공자의 아들에 대한 기록은 거의 없는 편인데
논어의 한 귀퉁이에 한 줄 기록이 있습니다.
아들의 이름은 리(里)였는데 똑똑하지는 않았던 것 같습니다.

한번은 뜰 앞을 지나가는 아들을 공자가 불러 세웁니다.
"애야, 너는 시경을 읽어 보았느냐?"
"아직 읽지 못했습니다."
"시를 읽어야 한다. 그래야 조수초목(鳥樹草木)의 이름을 알 수 있다."

이런 대화의 내용으로 보아 공부와는 담쌓고 살았지 않나 싶습니다.

공자의 출신 성분은 그리 좋은 편이 못됩니다.
사회적 격변기가 그의 재능을 알아본 것도 있겠지만
철저한 자기관리와 노력이 결국 그를 4대 성인의 반열에 올려놓습니다.

고대 로마의 소크라테스와 비슷한 시대를 살다간 철학자 중에
에픽테토스라는 사람이 있습니다.
그는 네로 황제의 노예였습니다.
아버지는 누구인지 알려져 있지 않고
어머니만 노예였다는 사실이 알려져 있지요.

그는 명석한 두뇌와 놀라운 재능도 있지만
열심히 노력하여 노예에서 면천하여
스토아학파의 기둥이 됩니다.

학원 광고를 보면 100일 완성이니 3개월 마스터니
이런 문구로 사람을 현혹합니다.
학원에 등록만 하면 모든 것이 저절로 이루어질 것 같지만
사실 마스터의 경지에 다다르려면 본인의 피와 살을 깎는 노력이
반드시 선행된 이후에 도달할 수 있다는 것을 깨달을 필요가 있습니다.

요즘 아이들을 보면 일관된 꾸준함이 참으로 부족함을 느낍니다.
공부는 머리로만 하는 것이 아니라

히프로 한다는 사실을 인지하지 못하는 것 같아 안타까움이 많습니다.
누가 책상머리에서 시간을 더 많이 투자하느냐 하는 것은
참으로 중요한 일인데 말입니다.

 때의 중요성

올해는 유난히 비가 잦은 탓에
심어놓은 작물의 성장 속도가 더디고
익는 시기가 늦어질뿐더러
열매의 실한 정도와 당도가 낮아
평년에 비하여 흉작의 모습을 보이고 있습니다.

올해로 지천명(知天命)의 나이가 되고 보니
무언가를 새로이 접하고 익히는 것에 대한 두려움이 존재하고
또 변화에 능동적이지 못한 자신을 발견할 때가 많습니다.
금방 읽은 책의 내용이 기억 속에서 아련히 느껴질 때
속절없이 흐른 세월이 무심하게 느껴지기도 합니다.

앎에 대한 적응에 따라 사람은 네 분류로 나누기도 합니다.
생이지지(生而知之) : 태어나면서부터 아는 사람

학이지지(學而知之) : 배워서 아는 보통 사람
곤이지지(困而知之) : 많은 노력을 기울여 겨우 깨우치는 사람도 있지만
곤이부지(困而不知) : 수없이 노력했으나 결국 깨우치지 못하는 사람도 있습니다.

또한, 성어로 표현할 수도 있지요.
문일지십(聞一知十) : 하나를 배워 열을 아는 사람
문일지일(聞一知一) : 하나를 배우면 하나를 아는 사람
문십지일(聞十知一) : 열 개를 배우면 하나를 아는 사람도 있지만
백문부지(百聞不知) : 백 번을 들어도 알지 못하는 사람도 있지요.

살아갈수록 낮아지는 등급에 속상할 때가 많습니다.
식물도 열심히 성장할 때가 있고
성장을 멈추고 속으로 씨앗을 품어
당도를 높이며 익어갈 때가 있습니다.
배움도 때를 잃으면 몇 배의 공력을 들여야 성취할 수 있기에
흐르는 세월의 야속함을 느낍니다.

문제는 지금 최고의 성장기에 있는 아이들에게
이런 진실을 이야기한다고 하더라도
그 진실성을 제대로 이해하려고 하지 않는 현실의 아픔입니다.

노력하지 않으면 그냥 평범해지는 것뿐만 아니라

꿈을 이룰 수도 없을 것이며
좋은 기회가 찾아온다고 하더라도 잡을 수 없을 것입니다.

한자 성어에 즐풍목우(櫛風沐雨)라는 말이 있습니다.
바람으로 빗질하고 빗물로 몸을 씻는다는 뜻이지요.
긴 세월 동안 목적을 달성하기 위하여
온갖 난관을 무릅쓰고 노력한다는
의미를 담고 있는 성어입니다.

 생해와 사해

이스라엘에 가면 두 개의 바다를 만날 수 있습니다.
하나는 갈릴리 바다이고, 또 하나는 사해(死海)입니다.
이 두 바다는 극명한 차이를 보이고 있지요.

갈릴리 바다는 들어오는 대로 품고 있다가 아래로 아래로 흘려보냅니다.
그래서 살아있는 바다인 생해(生海)가 되지요.
그러나 사해는 들어오는 곳은 있지만 빠져나가는 곳이 없습니다.
계속 받기만 하고 베풂이 없으니 결국 죽은 바다인 사해가 된 것이지요.

나이가 들어가면서 가장 큰 특징 중의 하나는
관념의 고정화가 현재진행형으로 지속된다는 사실입니다.
호기심이 적어지면서 질문도 함께 적어지게 되고
어제 뜬 태양이 오늘 뜨는 것과 다르다는 인식이 없어지게 되며
새로움과 창의적인 생각과는 담을 쌓게 되고
독특한 생각을 하는 사람을 바보스럽게 느끼게 됩니다.

생각 또한 생해처럼 흘러넘쳐야 합니다.
어찌 보면 나이 들어간다는 것은 생각의 유연성이 사라진다는 것을 의미합니다.

세상을 바꾸는 힘을 가진 사람은
늘 독특한 생각으로 무장한 바보 같은 사람이라는 것을 잊어선 안 됩니다.

자신이 가진 신념이 절대적이라는 경직된 사고를 버리고.
나와 다른 것에 대한 이해가 포용으로 나타날 때
장자가 말한 절대자유인 소요유의 경지에 다다를 수 있습니다.

노자는 가득 참을 경계했습니다.
물이 가득 찬 컵엔 다른 것을 더 담아낼 수 없듯이
자기 생각으로만 가득 찬 사람은 남의 이야기를 들을 여유가 없게 됩니다.
한 가지 경계해야 할 것은 남의 말을 포용하는 능력과

줏대 없음은 구별되어야 한다는 것입니다.

 전자책에 대한 소고

세월이 참 변해도 많이 변하고 있는 듯합니다.
이제 학교도 종이책이 사라지고 전자책이 그 자리를 대신한다는군요.
4대 강 이후에 가장 큰 예산을 들여 하는 사업이라고 하니
앞으로는 아이패드나 갤럭시탭만 들고 등교하는 아이들을 쉽게 볼 수 있을 듯합니다.

아울러 교사들도 휴대용 전자기기의 사용법에 통달할 필요가 있으며
태블릿 PC 및 클라우드 컴퓨팅에 관심을 기울여야 합니다.

전자책은 몇 가지 장점이 있습니다.
첫째는 종이로 만든 책에 비해 가격이 저렴합니다.
둘째는 필요한 부분만 지정하여 블록 단위로 구입이 가능하고
셋째는 제작비와 유통비를 절약은 물론 책의 업데이트가 쉽고
넷째는 온라인 구매로 시간을 절약할 수 있으며
다섯째는 오디오 및 비디오를 첨부하여 살아있는 느낌을 줄 수도 있고
여섯째는 종이 책을 만들기 위한 재료의 절약으로 산림녹화에 도움

을 줄 수 있을 겁니다.

하지만 좋은 점만 있는 것은 아니어서
첫째는 반드시 인터넷이 되는 공간에서 별도의 장치를 이용해야만 하고
둘째는 종이책에 비하여 가독성 및 이해도가 떨어지며
셋째는 책장을 넘기는 재미를 통한 성취감을 반감시키고
넷째는 필요한 부분에 밑줄을 긋거나 메모를 하는 것이 불편하며
다섯째는 아날로그만이 줄 수 있는 따뜻하고 감성적이며 인간적인 정서를 느끼기 힘들다는 것이며
여섯째는 복사가 쉬워 저작권의 침해가 우려된다는 사실입니다.

어찌 보면 이젠 지식을 아이패드와 같은 기기 속에 축적해 놓고 다니며
외국어 번역이 실시간으로 이루어져 외국어 학습이 불필요한 시대가 될 수도 있을 것이며
온라인 교육의 비약적인 발전으로 인하여 교사의 위치가 흔들릴 수도 있을 것입니다.

시대가 너무나 빠르게 변화하고 있습니다.
그 변화의 중심에서 변화를 끌고 가지 못할지언정
그 홍수에 떠밀려 중심을 잃고 방황하고 주변인으로 전락하지 않도록
미래를 공부하고 준비하는 노력이 필요한 시점이 아닌가 합니다.

미리미리 준비한다는 말씀 중에는

“비 오기 전에 창문을 고친다.”라는 뜻의 ‘미우주무(未雨綢繆)’란 말이 있습니다.
시경(詩經)에 나오는 말씀이지요.

 마당을 나온 암탉

하늘이 해도 해도 너무합니다.
물에 절은 식물은 어디 하소연할 데도 없이
불어터진 열매를 간신히 붙들고 있습니다.
오늘도 하늘에선 연신 빗방울이 떨어집니다.

요즘 마당을 나온 암탉이란 영화가 대박입니다.
양계장에 갇혀 알만 낳던 암탉이
마당으로 탈출하여 알을 품어보기를 희망하지요.
며칠을 굶어 폐계 흉내를 내어
뒷산 폐계 웅덩이에 버려져 탈출에 성공하게 됩니다.

그 후 주인 없이 버려진 오리 알을 발견하고
오리 알을 품게 됩니다.
알에서 깬 아기오리는 암탉을 엄마로 여기게 되는….

그런 줄거리를 가지고 있는 영화입니다.

줄탁동시(啐啄同時)라는 말씀이 있습니다.

병아리는 어미 닭이 알을 품고
꼭 21일이 지나야 세상 구경을 할 수 있습니다.
병아리가 알껍데기를 깰 때는 순서가 중요하지요.
즉 반드시 안에서 깨야만 한다는 것입니다.
밖에서부터 알을 깬다면 알의 십중팔구는 죽게 됩니다.

또한 어미닭은 병아리가 쉽게 나올 수 있도록
밖에서 알을 쪼아 도와줍니다.
그것을 줄탁동시(啐啄同時)라고 하지요.

이는 본인의 노력과 주변의 도움이 적절하게
조화를 이룰 때 시너지를 발생시키는 것을 의미합니다.
그런데 중요한 것은
반드시 본인의 노력이 선행된 이후에야
밖의 도움이 의미가 있다는 말씀이지요.

알은 반드시 안에서 깨야만 의미가 있습니다.

이문회우

오랜만에 햇살이 폭포수처럼 쏟아지는 상쾌한 아침입니다.
이문회우(以文會友)라는 말씀이 있습니다.
논어에 나오는 증자의 말씀으로서
그 의미는 "군자는 학문을 벗으로 삼는다."라는 의미랍니다.

우리나라 지폐 표지모델의 양대 산맥은
퇴계와 율곡입니다.
퇴계는 1501년생이고 율곡은 1536년생이니 35세의 차이가 납니다.
율곡과 퇴계가 처음 만난 것이 율곡 23세, 퇴계가 환갑을 앞둔 노인이었을 때라고 합니다.

퇴계는 주리파로서 이(理)를 중심에 둔 반면에
율곡은 주기파로서 기(氣)를 앞세우는 성리학적 해석의 큰 차이를 보입니다.
이것은 조선 후기 수백 년 동안 치열한 논쟁의 대상이 되어 왔지요.
이렇게 대립하는 이론을 전개한 두 사람이지만
서로 헐뜯는 것은 찾아볼 수 없고
서로 문답을 통해 의견을 나누고 답을 구하기도 하는 등
나이를 넘어 친분을 유지하는 관계였다는 것이 참 부러워 보입니다.

말 그대로 이문회우의 대표적인 멋진 사례이지요.

학문을 하는 것은 글(文)보다 덕(德)에 있습니다.
많이 아는 것에 그치지 않고 그 안에 인간적인 따뜻함과
작은 것에 대한 배려, 널리 사람을 사랑하는 것
그런 마음이 많이 아는 지식을 더 멋스럽게 합니다.

언젠가 새 구두가 없어서 몹시 불행하다고 생각한 적이 있습니다.
하지만 옆에 발이 없는 사람을 보고서
더 이상 구두에 대해 불평을 하지 않게 되었습니다.

지족(知足)이면 상족(常足)이라는 말씀이 진정성으로 다가오는 날에….

잡 초

이 세상이 불필요한 식물이 있을까요?
길가에 아무렇게나 자라난 이름 없는 잡초나
기품 있게 관리되고 가꾸어져 화려한 꽃을 이고 있는 화초나
그들은 본질적으로는 같은 것입니다.

다만 사람의 선호도에 따른 구별의 차이가 존재할 뿐이지요.

중요한 것은 화초는 관리하지 않으면
스스로 번성하기 어려운 반면
잡초는 아무리 제거하려고 애써도 결코 없어지거나
사라지지 않는다는 사실입니다.

이른 봄에 불을 놓아 태워도
밟히고 뽑히고 호미에 긁힌다 해도
제초제 독을 뒤집어쓰고 말라간다 해도
잡초는 여전히 주변에 성장을 이루고 있습니다.

위대한 선원은 결코 잔잔한 바다에서 만들어지지 않는다고 합니다.
위대한 인물 역시 화초 같은 부류에서 탄생하는 것이 아니고
스스로를 이겨내고 역경을 헤쳐 나온 잡초 같은 부류에서
탄생한다는 사실을 잊어선 안 됩니다.

오늘 너무 힘들다고 하는 것은
위대한 내일을 선물하기 위한 신의 섭리가 아닐는지요?

 상대방 입장 되어보기

여행을 해본 사람은
내가 익숙하게 살아온 곳에서의 열흘보다
모든 것이 낯설고 생소한 곳에서의 열흘이
훨씬 더 길고 강한 인상으로 오래도록 남을 것입니다.

익숙한 도시를 떠나 인식 너머 존재하는 황무지에 다다르면
대단히 경이로운 것을 발견할 수 있습니다.
그것은 바로 자기 자신이지요.

늘 같은 식사를 하고,
같은 언어에 같은 감성을 지닌 동질집단에서 벗어나
아주 이질적인 문화를 접하게 되면
그들의 시각을 통해 역으로 자신을 볼 기회가 생깁니다.

알을 깨고 나오기 전엔 그 알 속이 세상의 전부일 수 있습니다.
면벽 9년을 하여 참선에 도가 튼 사람도
문지방을 넘기 전엔 방안 한구석의 한정된 세상만 향유하고 있을 뿐이지요.

흔히 그것을 인식의 틀이라고 표현하기도 하고
관념의 고정화라 이야기할 수도 있습니다.

우린 때때로 남이 변해 주기를 바라는 경우가 많습니다.
남이 나에게 다가오도록 애쓰는 어려운 방법도 있지만
내가 먼저 다가가는 아주 쉬운 방법도 있는데 말입니다.
객관화된 시각이 없으면
남이 다 볼 수 있는 것을 혼자만 못 보는 경우가 허다하여
눈을 뜨고 있어도 어두운 바다에서 헤매는 것과 같습니다.

일전에 아이들과 노인체험이라는 프로그램을 진행한 적이 있습니다.
한쪽 발에 무릎이 잘 구부러지지 않도록 부목을 대고
등 쪽엔 휘어진 굽쇠를 짊어지고
눈에는 흐릿하게 보이는 안경을 쓰고….

객관화된 시각을 갖는데 가장 좋은 방법은
상대방의 입장이 되어보는 것입니다.
그래서 역지사지(易地思之)의 의미가 위대해 보입니다.

 위기는 기회입니다

꽃을 꺾기 위해서는 덤불 속 가시에 찔릴 수 있습니다.
결과를 얻기 위해서는 내 영혼의 상처를 감내할 수 있어야 합니다.

덤불 속에 피어 있는 꽃이 아름답진 않을지라도
가시에 찔리는 노력 없이는
결코 그 근처에 다다를 수 없을 것이며
꽃이라는 행복의 결정체를 얻을 수 없을 것입니다.

우리는 아프면서 성장합니다.
그것을 성장통이라 부르기도 하지만
만남과 사랑과 이별의 아픔을 겪으면서 또한 성숙해져 갑니다.

세계적으로 주목받는 시인, 화가, 소설가 등의 대부분은
열병처럼 사랑하고 죽음과 같은 실연을 당한 사람들이 많습니다.
그러한 사랑의 열정이 없었다면 그 정신적 에너지가
작품으로 승화되는 일도 없었을 것입니다.

오늘 많이 힘드시나요?
오늘 많이 아프시나요?
견딜 수 없이 화가 치밀어 오르시나요?
죽을 것 같은 절망에 신음하고 있지는 않으세요?
어쩌면 이 모든 것에 굴복하면 파멸이지만
승화되면 위대한 영혼의 빛나는 초석이 될 수 있습니다.

한자 성어에 운외창천(雲外蒼天)이란 말씀이 있습니다.
구름 너머가 바로 푸른 하늘이란 의미이지요.
모두가 위기라고 말할 때가 사실은 최고의 기회랍니다.

교육은 기르는 것입니다

언제부턴가 웰빙이라는 단어가 우리 곁에
유행어처럼 자리 잡기 시작했습니다.
웰빙의 사전적 의미는
"육체와 정신의 조화를 통해 행복하고 안락한 삶을 지향하는
삶의 유형 또는 문화 현상."으로 풀이되며
우리나라 말로는 '참살이'라고 번역합니다.

많은 사람들이 웰빙 식단, 웰빙 상품, 웰빙 산업, 웰빙 마케팅….
그런 것을 찾고 있지만
어찌 보면 웰빙이라는 것은 식품이나 상품이 아니라
삶의 방식입니다.

물질적인 측면보다 정신적이고 삶에 녹아있는
자연스러움의 측면으로 해석해야 한다는 것이지요.
어떤 것을 먹고, 입고, 쓰고의 문제가 아니라
어떻게 사느냐 하는 문제로 귀결되어야 합니다.

우리는 기르는 문화보다는 만드는 문화에 더 익숙해져 있습니다.
기르는 데는 필요한 만큼의 시간이 투자되어야 하고
알맞은 환경적 요건이 갖춰져야 합니다.
한마디로 꼼수가 통하지 않는다는 것이지요.

하지만 만드는 것은
무엇을 만드느냐에 따라서 시간과 가격이 정해집니다.
마음먹기에 따라서는 기계화를 통한 대량생산이 가능하고
원하는 모양과 기능을 마음대로 찍어낼 수 있습니다.

교육은 기르는 것이지 만드는 것이 아닙니다.
하지만 만드는 문화에 익숙해진 우리는
교육을 어떤 사람으로 만드는 것으로 착각하는 경우가 많습니다.

기르는 데에는 오랜 공이 들어가야 합니다.
물이든 햇볕이든 거름이든 적당해야만 합니다.
같은 밭에서 기른 작물이라도 크기와 형태가 같은 것은 없습니다.

대부분의 식물이나 동물들은 씨앗이나 알의 유전인자 속에
혼자서 살아갈 방법을 새겨 놓았습니다.
식물이 학습의 결과로 열매를 맺고 씨앗을 떨어뜨리는 경우는 없고
새들도 모이를 먹고 집을 짓는 방법을 학습하지 않습니다.

하지만 인간은 학습으로 길러지지 않고는 영속성을 담보할 수 없습니다.
길러지는 것에 대한 가장 좋은 스승은 학교와 교사가 아니라
주변에 널려있는 자연일 수 있습니다.

교육은 기르는 것이지, 만드는 것이 아닙니다.

노블레스 오블리주

'노블레스 오블리주'라 쓰고 '귀족의 의무'라고 읽습니다.
워싱턴 허시혼 미술관 조각정원엔
조각가 로댕이 만든 「칼레의 시민」이란 작품이 있습니다.
100년 전쟁 당시 칼레 시가 영국에 포위되었을 때
시민들을 위해 밧줄에 목을 매어 처형받기로 자원한 6명의 시민을
조각한 작품입니다.

1347년 영국과 프랑스 사이에 백년전쟁이 일어납니다.
1년 가까이 영국의 공격을 막던 프랑스의 북부도시 칼레는
원병을 기대할 수 없는 상황 속에서 백기를 들게 됩니다.

칼레시의 항복 사절은 칼레 시민이 도살되는 운명을 면하기 위해
영국 왕 에드워드 3세에게 자비를 구하였습니다.

에드워드 3세는 다음과 같은 항복의 조건을 내놓습니다.
"칼레시민들의 생명은 보장하겠다.
그러나 누군가는 책임을 져야만 한다.
이 도시에서 대표로 여섯 명은 교수형을 당해야만 한다."

시민들은 기뻐할 수도 슬퍼할 수도 없었습니다.
누군가 6명이 그들을 대표해 죽어야만 했기 때문입니다.

그때 용감하게 6명이 선뜻 나섰습니다.
모두 그 도시의 핵심인물이며 절정의 삶을 누리던 부유한 귀족이었던 것이지요.
칼레에서 가장 부자인 피에르가 가장 먼저 자원했습니다.
그러자 시장이 나섰고 상인 법률가 등 부유한 귀족이 나섰습니다.
그런데 필요한 것은 여섯인데 일곱 명이나 모였습니다.
제비를 뽑자는 말도 있었지만 그렇게 할 수 없었습니다.
피에르는 "내일 아침 장터에 제일 늦게 나오는 사람을 빼자."고 제의했고 이에 모두 동의했습니다.

그들의 고통의 밤은 그렇게 깊어갔습니다.
이튿날 이른 아침 여섯 명이 모였습니다.
그러나 피에르가 오지 않았습니다.
사람들은 모두 그가 궁금했습니다.
모두 안 나와도 그는 나올 사람이었기 때문이었습니다.

그는 이미 죽어 있었습니다.
죽음을 자원한 사람들의 용기가 약해지지 않도록
칼레의 명예를 위해 스스로 목숨을 끊었던 것입니다.

이들이 처형되려던 순간 에드워드 3세는 왕비의 간청으로
그 용감한 시민 6명을 살려주었습니다.

노블레스 오블리주가 어떤 것인지를 고귀하게 보여준 사례입니다.

지금도 프랑스는 국가 신용등급 하락을 염려하여
돈 많은 부자들에게 많은 세금을 부과하여 해결하려고 노력합니다.
부유함은 곧 힘이고 그들이 뭉치면 세금폭탄을 피할 수도 있을 텐데
묵묵히 귀족(부자)의 의무를 다하는 그들의 모습이 부러워 보입니다.

대부분 사람들은 권리를 좋아하고 의무를 싫어합니다.
나이가 들어가고 월급이 많아지고 지위가 올라간다고 하는 것은
또한 이 사회에서 앞장서 해야 할 의무가 늘어난다는 것의
또 다른 표현일 수 있습니다.

유럽에서는 전쟁이 끝나면 서민들보다 귀족의 구성 비율이 현격히 줄었다고 합니다.
속절없이 그들이 부러워지는 것 우리가 그런 역사를 갖고 있지 못함 때문이겠지요.

 26.9%

26.9%
무엇을 의미하는지 아시나요?
너무 갑작스럽고 추상적이어서 질문이 좀 그런가요?

위의 숫자는 우리나라의 식량 자급률이랍니다.

해마다 농토를 메워
그 땅 위에 공장과 아파트를 짓습니다.
그리고 농촌엔 노인들만 존재하고
미래를 책임질 젊은이는 찾아보기 힘듭니다.

아무리 부유한 사람이라고 하더라도
시멘트나 철, 전자제품을 먹고 살 수는 없습니다.
우리는 농업 생산물을 섭취하지 않고는 살아갈 수 없는 존재임에도
그 고마움과 중요성을 잊고 살 때가 많습니다.

농업은 생명산업입니다.
생명이 소중한 것은 인간의 삶과 그 궤를 같이하기 때문입니다.
우린 작물을 기른다고 말하지만
실은 씨앗을 심고 김을 매주었을 뿐이지
그 생명을 기르는 것은
따사롭게 만물을 비추는 햇살과
사시사철 골고루 내려주는 단비와
어머니 품 같은 포근한 대지입니다.

요즘 세상은 너무 흔해서
무엇이 귀한 것인지를 잊고 살 때가 많습니다.
충분히 먹을 수 있는 음식이 함부로 버려지고

쓸 만한 물건들도 유행이나 디자인을 핑계로 버려지는 경우가 많습니다.
우리가 정작 버려야 할 것들은 버리지 못하면서 말입니다.

26.9%는 참으로 위험한 숫자입니다.
먹는 것을 스스로 조달하지 못하고 외국의 농업에 의존하게 된다면 식량 속국으로 전락할 수도 있습니다.
우리 스스로 농업독립국으로서 면모를 갖추기 위한 노력이 절실히 필요한 이유이지요.

조금만 관심을 기울여도
쑥쑥 커 주는 농작물이 참으로 고마운 날에….

 천원지방

제가 살아오면서 가장 많이 올랐던 산은
강원도와 경상북도의 경계를 이루는 태백산입니다.
태백(太白)과 함백(咸白)은 모두 산의 명칭이 있고 나서 지명이 만들어진 곳입니다.
白 자가 들어간 것으로 보아 산이 높아 잔설이 오래도록 희게 남아
붙여진 이름인 것을 쉬이 알 수 있습니다.

하지만 아이러니하게도 그 지명을 가진 곳이 검은 탄의 생산지라
도시 전체가 검은빛으로 白 자의 의미를 무색게 합니다.

태백산은 1,567미터의 육산으로서
정상에는 천제단과 생천년사천년(生千年死千年)이라는
주목이 유명한 곳이지요.
그 바로 아래 고을 명칭이 소도이니
삼한시대부터 신성시한 땅이요
단군이 풍백 우사 운사를 거느리고 강림한 곳이기도 합니다.
(일설엔 단군이 강림한 곳이 묘향산이라는 설도 있습니다.)

천제단은 사각형 기단부에 원형 제단으로 이루어져 있습니다.
이는 천원지방(天圓地方)의 사상을 그대로 담고 있는 것이지요.
(天圓地方 : 하늘은 둥글고 땅은 네모지다.)
천원지방 사상의 사례는 너무나 많아서 일일이 열거하기 어렵습니다.

경주 첨성대도 아래는 둥근 면인데 위는 네모나고
강화도 마니산의 참성단도 주변은 네모지고 제단은 원형이며
경회루의 바깥쪽 기둥은 네모진 데 비하여 안쪽 기둥은 둥근 모양이고
오래된 탑의 양식도 기단부는 네모인데 윗부분인 보주는 둥근 모양
이지요.
태백산에 올랐을 때 가장 멋스러웠던 것은
고목임에도 생을 유지하며 싹을 틔우고
기품 있게 늘어서 모진 풍상에도 의연히 자리를 지키고 있는 주목 군

락입니다.
그 나무는 참으로 멋스러워서 하나하나가 자연 그대로의 작품이 아닌 것이 없습니다.

그 신성한 공간에서 참으로 염려스러운 것은
주목의 세대교체가 이루어지지 못하고 있는 현실입니다.
주목은 가을에 붉은 모양의 열매를 맺습니다.
과육은 달달하여 먹을 수 있으며 씨앗은 단단하기 그지없어
심고 2년이 지나기 전엔 싹을 틔우지 않습니다.

이른 봄이 되면 그 노회한 주목 아래로 무수한 길이 만들어집니다.
그 좋은 풍광을 사진에 담기 위한 목적도 있지만
대부분은 어린 주목을 불법으로 채취하여 반출하려는
몰상식이 자리하고 있다는 현실이지요.

역사든 강이든 흘러야 합니다.
윗물과 아랫물이 자연스럽게 어울릴 수 있어야 합니다.
어찌 보면 그 주목의 아픈 역사가
요즘 기성세대와 자라나는 세대와의 불화와 닮은 느낌이 들어
왠지 씁쓸한 아침입니다.

세대 간 상하 간의 불화를 불식시키기 위해 최고 좋은 방법은
상대방의 입장에 서 보는 것이며
한 발 뒤로 물러서 이해의 폭을 넓히는 것입니다.

음악은 듣기 좋은 소리입니다

어제 아침 싸리 비질 소리에 잠이 깨었습니다.
잠결에 눈이라도 내렸나? 잠시 착각에 빠졌습니다.
특별한 소리 속에는 개인의 역사에 침잠된 특별한 추억이 담겨 있습니다.

몇 년 전에 지인들과 백마고지를 산책하면서
전쟁의 상흔과 분단의 아픔을 이야기하고 있는데
어느 늘그막의 중년 한 분이 우리를 따라오면서
다짜고짜로 물어본 말이 있습니다.

"음악이란 무엇이라고 생각하세요?"
이는 갑자기 길을 걷다가 "도를 아십니까?" 하고 막무가내로
전도를 외치는 어느 사이비 종교의 말씀 같기도 하고
생면부지의 사람에게 뜬금없는 질문을 해서
입장을 난처하게 만드는 가학적인 취미를 가진 이상한 사람으로
보이기까지 하였습니다.

우리가 뚱한 반응을 보이자
그분은 얼굴에 인자한 웃음을 보이면서
"음악이란 듣기 좋은 소리랍니다."
이 말을 남겨두고 대중 속으로 사라졌습니다.

소리 중에서 음악이라고 표현되는 장르가 있습니다.
옛날에는 음악을 들을 수 있는 장비나 기회가 부족하여
한정된 소비자층을 이루고 있었는데
요즘엔 음악이 넘쳐나 공급과잉의 시대에 살고 있습니다.

자동차를 운전하거나
책을 보거나 가사 일을 하거나
신문을 볼 때도 음악을 틀어 놓는 경우가 많습니다.
지금은 음악을 배경으로 소비하는 시대에 살고 있는 것이지요.

또한 듣는 음악에서 보는 음악에로의 전환이
빠르게 진행되고 있다는 사실도 큰 변화 중의 하나입니다.
음악은 감정입니다.
음악을 들으면 기분이 좋아지기도 하고
때론 감동의 눈물이 흐르기도 합니다.

아이들은 자율학습시간에 음악을 듣게 해달라고 조르는 경우가 많습니다.
배경 음악이 없으면 공부가 안 된다는 자신들만의 논리이지요.
허락을 해주면 귀로만 듣다가
발로 장단을 맞추게 되고
급기야는 입으로 따라 부르게 됩니다.
아~! 이 일을 어찌해야 하나요?

아마존 인디오의 삶

요즘 EBS의 다큐 프라임을 즐겨 보고 있습니다.
화면 너머 아마존 정글에 사는 인디오의 삶이
감동으로 다가와 눈을 뗄 수가 없더군요.

문명의 이쪽 편에서 바라보면 분명 미개하고 어수룩하게 보이겠지만
삶의 행복지수로 이야기한다면
우리도 그리 으스댈 필요가 없어 보입니다.

그들은 자연에서 꼭 필요한 분량만 사냥하거나 채취합니다.
삶에 과잉이 없고 소유도 없지요.
야망과 부의 축적이라는 무거운 짐이 또한 그들에겐 없습니다.

삶이 복잡하지 않으니 지나친 지식의 낭비가 일어남이 없고
남과 경쟁하여 우월한 지위를 차지할 당위성이 없으니
세상을 얍삽하게 살아낼 필요도 없는 것이지요.

하나같이 자연을 닮은 삶
옷을 걸치지 않고 살아가는 본연 그대로의 모습이 삶 속에 투영되어
참으로 선하고 진솔한 모습이 감동입니다.

주변을 둘러보면 아직도 가진 것이 너무 많습니다.

좀 더 자유롭고 싶다면
더 많이 내려놓아야 합니다.

 회자정리

회자정리(會者定離) 생자필멸(生者必滅)이란 말씀이 있습니다.
만남이란 이별을 전제로 하고 있으며
살아있는 것은 언젠가는 반드시 죽게 된다는 말씀이지요.

어찌 보면 죽음이란 개체에 있어서는 역사의 종말을 의미하지만
전체로 보면 개체의 영속성을 담보하는 단초가 됩니다.

만약 지구에 붙어사는 어느 생명이라도
죽지 아니하고 지속적으로 살아간다면
그 개체 수가 기하급수적으로 증가할 것이고
이는 공멸이라는 길로 이어져
개체의 영속성을 유지할 수 없을 것입니다.

죽음은 생명의 원천입니다.
죽음이 없으면 생명도 없습니다.

명란을 보면 명태가 한 번에 낳는 알의 개수가
얼마나 대단한 것인지를 알 수 있습니다.
그 개체들이 모두 성장한다면 온 바다는 명태로 채워질 것이고
생태계의 균형이 무너지는 것은 자명한 일입니다.

어찌 보면 성장하다 죽어가는 개체들 덕에
그 자리를 다른 개체가 차지하는 것이고
결국 그런 흐름이 균형 잡힌 세상을 유지하는 것이지요.

3년이 수명인 생쥐의 세포는 15번 분열한 이후에 죽고
125년 정도를 한계로 치는 인간의 세포는 50번 분열한 이후에 죽는다 합니다.
의학과 유전공학의 비약적인 발달로
인간의 수명을 연장하는 데는 어느 정도 성공을 거두었으나
이는 어디까지나 연장일 뿐이지요.

새벽에 영롱한 이슬을 머금은 꽃이 아름다운 것은
곧 시들어버릴 것을 알기 때문입니다.
어쩌면 우리네 삶도 반복할 수 없고, 돌이킬 수 없기에
아름다운 것일는지 모릅니다.

우린 유한한 세상을 살고 있다는 것을 알고 있습니다.
언젠가는 나에게도 생이 멈추는 날이 온다는 사실도 잘 알고 있지요.
하지만 생각하고 행동하는 것은 무한히 살 것 같은 느낌으로

세상을 살아가는 사람이 많은 것도 사실입니다.

사람이 가장 진솔할 때는 죽음을 목전에 둔 순간이라 합니다.
오늘이 생의 마지막 날이라고 생각하면
아주 작은 것 하나도 감사하지 않은 것이 없고
크든 작든 간에 내가 가진 것들을 못 베풀 이유도 없습니다.

 가치 판단의 중요성

누군가가 나에게 '박쥐 같은 놈'이라는 표현을 한다면
상당히 기분이 언짢을 것입니다.

물론 만물의 영장인 인간을 동물에 비유하는 것이
그리 유쾌한 일이 못 되는 데다가
특히 박쥐라고 하면 간에 붙었다 쓸개에 붙었다 하는
이중성이 짙은 얍삽한 인간으로밖에는 해석할 도리가 없으니
더욱 기분이 상하게 되지요.

하지만 박쥐의 측면에서 보면 억울하기 그지없습니다.
박쥐는 날짐승으로 분류해달라거나

길짐승으로 분류해 달라고 요청한 적이 없을뿐더러
심지어 인간들이 자신을 박쥐라고 부른다는 사실조차 의식에 없는데 말입니다.

이는 간사함의 대명사인 여우도 그럴 것이고
게으름의 베짱이나
겁쟁이의 토끼나
느림보 거북이의 입장도 그러할 것입니다.

어쩌면 거북이도 딱딱한 등이 적으로부터의 안전을 담보할 수 있으니
에너지를 마구 소비하면서 빨리 움직일 필요가 없을는지 모릅니다.
그들 나름대로 유유자적한 삶을 살고 있는 것이지요.

인간은 어떤 사물이나 현상에 의미 붙이기를 좋아합니다.
한탄강 래프팅을 하다 보면 협곡 양안으로
즐비한 기암과 괴석들을 만나게 됩니다.
으레 인간들은 바위의 생김새에 따라 이름 짓기를 좋아하고
그 이름을 들은 사람은 탄성을 연발하니
의미 붙이기를 좋아하는 속성이 있는 것만큼은 틀림없어 보입니다.

중요한 것은 이 모든 것의 중심에는 가치 판단이 들어 있다는 것입니다.
송나라의 어떤 사람이 귀한 옥을 얻어 청렴하기로 이름난 제후 자한(子罕)에게 바쳤습니다.
"세상 사람이 귀한 보물로 여기는 옥을 바칩니다."

그러자 자한은 받기를 거절하며 이렇게 말합니다.
"그대는 옥을 보물로 삼으나 나는 탐하지 않는 것을 보물로 삼는다네!"

 학교의 현실

새로움으로 시작했던 한 해인데
이젠 달랑 네 장 남은 달력에 매달린 세월이 애처롭게 느껴집니다.

학교라는 근대조직의 교육체제를 갖춘 것이
겨우 100년 역사밖에 되지 않습니다.
그동안 참 많은 것이 변했지만
가장 큰 변화는 교사의 위상일 것입니다.

저는 1970년대에 초등학교에 다녔습니다.
한 시간을 걸어야 도착할 수 있는 학교였지만
학교에 갈 수 있다는 것이 참으로 큰 행복이었음을 기억합니다.

그때는 사방 십 리 안에 학교 건물만큼 좋은 건물이 없었고
집에 TV가 없어도 학교엔 미닫이가 설치된 24인치 TV가 있었고

흙을 천직으로 살았던 농경사회에서 대부분 초등학교 출신이었는데 대학 출신인 선생님들의 모습은 진정 위대해 보였습니다.
교사는 존경과 선망의 대상이었고
그 권위에 도전한다는 것은 꿈꾸어보지도 못했습니다.

흐르는 세월을 묶음으로 표현할 수는 없지만
강산이 변하는 단위로 생각하면
초등학교를 졸업하고 세 번 하고 반이 지났습니다.
참 많은 것이 변했지요.

학교 건물은 그대로인데 주변엔 20~30층 건물이 즐비하게 숲을 이뤄
학교의 모습을 쉬 찾아볼 수 없게 되었고
학력 인플레이로 인하여 석·박사 학부모들이 즐비하게 널려있고
전반적인 생활 수준의 향상으로 교사가 중산층의 하류로 전락하여
교권을 염려한지도 오래되었습니다.

국회 보고서를 보면 학생 인권조례 제정 이후
교권 침해 사례가 급증한 것으로 나타났습니다.
2006년엔 42건이던 것이 2010년엔 523건이니
산술적으로 10배 이상 늘어난 셈이지요.
사회적인 파장을 고려하여 수면으로 드러나지 않는 사건들이나
경미한 부분까지 고려한다면 세상 돌아가는 것이 참으로 대략난감입니다.

물론 학생들을 사랑으로 대하고 진심으로 다가가고
가슴으로 보듬어야 한다는 사실을 모르는 것은 아닙니다.
그러나 정말 개념과 버릇을 찜 쪄 먹은 아이들 앞에서
왠지 맥이 풀리는 것은
단지 저만의 느낌일까요?

학생인권조례에 대항하여 교사인권조례를 제정하는 것도 웃겨 보입니다.
문제는 사회적 건전성에 기초한 보편적 가치관이 변해야 한다는 것이지요.

오늘도 급식소에서 아이들과 함께 줄을 섭니다.
평등의 눈으로 보는 세상은 참으로 좋아졌을지 모르지만
교육의 본질로 바라보면 애어른 구별이 되지 않는 현실이 참으로 슬퍼 보입니다.

아이를 학습의 지진아로 만들기 위한 가장 손쉬운 방법은
면전에서 교사를 모욕하는 발언을 하는 것입니다.

짊신 한 결례와 우산 한 자루

이것을 한문으로 옮기면 '섭갹담등'이라고 합니다.
(한자 4,888자 범위를 넘어서 한문 표기가 불가합니다.)

이는 언제 어디로든지 쉽게 떠날 수 있도록 준비하는
최소한의 간단한 소지품을 의미합니다.
다른 시각에서 보면 우리가 갖고 있는 면면의 불필요함을
덜어내는 의미로도 해석할 수 있습니다.

이 말씀은 우리가 챙기거나 버려야 할 물건의 의미도 있지만
생활 속에서 삶의 방식을 의미하기도 합니다.

1991년에 허영호 대장이 MBC 창사 30주년 기념으로
북극을 탐험한 적이 있습니다.
출발에 앞서 짐을 정리하는데 부피와 무게를 줄이기 위하여
피나는 노력을 하는 것을 보았습니다.
하다못해 칫솔 하나라도 손잡이 부분은 잘라내고
겨우 손에 잡을 정도의 부분만 챙기더군요.

버리는 것은 서운함을 동반합니다.
그러나 제대로 버리면 더 큰 결과를 얻을 수 있습니다.
탐험대가 짐의 무게를 줄이지 못했다면

말 그대로 무게가 짐이 되어 성공을 담보할 수 없었을 것입니다.

아무리 욕심이 많은 농부라도
밭에 촘촘히 뿌려둔 싹을 모두 기를 수는 없습니다.
오히려 욕심을 버리고 뽑아내는 수고로움이
더 크고 튼실한 농작물을 얻을 수 있는 기회가 됩니다.
필요에 의하여 샀다고 하지만
살아가면서 집안의 가구들이 하나둘 늘어 갑니다.
어찌 보면 그 가구들이 생활공간을 점점 침해하여
오히려 더 불편함을 초래할 수도 있습니다.

욕심을 조금만 덜어내면
공평무사하게 되고, 합리적인 판단을 할 수 있으며
세상을 좀 더 환히 볼 수 있는 혜안을 가질 수 있습니다.

짚신 한 켤레와 우산 한 자루의 의미가 중요한 이유이지요.

교토삼굴

엊그제 교정 앞을 걷다가
나무 아래 매달린 '하얀 목련'이란 패찰을 보고
무심코 눈을 들어 가지를 보았습니다.
아직 9월인데도 내년 봄에 피울 꽃망울을 이미 만들어 달고 있는 것을 보고 적잖이 놀랐습니다.

겨울이 오기도 전에 다가올 봄을 미리 준비하고 있는 모습에
게을렀던 저 자신의 자화상이 몹시 부끄러웠습니다.

시경에 미우주무(未雨綢繆)란 말이 있습니다.
"비 오기 전에 창문을 고친다."란 의미의 성어이지요.
사실 비가 내리기 전엔 새는지 여부를 알지 못하는 것이 삶입니다.
어찌 보면 창문보다 먼저 고쳐야 할 것이 지붕일 수 있으며
경우에 따라서 큰물이 날 염려가 있다면 자잘한 곳을 손보는 것보다
안전한 곳으로 이주하는 것이 근원적인 대책이 될 수 있습니다.

멀리 볼 수 있어야 합니다.
손톱 밑에 가시 든 걸 괴로워하면서도
심장에 쉬 스는 것을 모르는 것이 사람입니다.
넓게 파야 깊이 팔 수 있는 것이고, 멀리 봐야 크게 생각할 수 있습니다.

유비무환이란 성어는 서경에 기초하고 있습니다.
원문에 기초하여 알기 쉽게 해석하면 다음과 같습니다.
"스스로 그것이 옳다는 생각을 갖고 있으면 그 옳은 것을 잃어버리고
스스로 잘한 것을 자랑하게 되면 그 공을 잃게 됩니다.
평안히 지낼 때 항상 위태로움을 생각해야 하며
충분히 준비되어 있다면 근심과 재난이 없을 것입니다."

위험에 대비해야 한다는 고사로는 교토삼굴(狡兎三窟)이란 말씀도 있습니다.
꾀 많은 토끼는 굴을 세 개나 가지고 있다는 의미로
교묘한 지혜로 위기를 피하거나 재난을 미리 대비한다는 뜻이 있습니다.

 인생의 나이테

구월입니다.

성급한 나무는 벌써 잎을 물들일 준비를 하고 있습니다.
겨울엔 나무가 자라지 않는 것 같아도
나이테를 보면 성장이 지속적으로 이루어지고 있다는 것을 확연히

알 수 있습니다.
온갖 추위와 북풍한설을 맞으며 인고의 세월을 딛고 자라는 것이기에 겨울에 생긴 나이테는 단단하기 이를 데 없습니다.

우리네 인생에도 나이테가 생깁니다.
나무의 나이테와 다른 것은
나무는 스스로의 힘으로 나이테를 만들지만
인간은 타인의 시각을 통해 얻어지는 속성이 있다는 것입니다.

얼굴에, 걸음걸이에, 태도에, 심지어 목소리에까지 새겨진 나이테는 인간이 가진 속일 수 없는 속성입니다.
인생에 새겨진 나이테를 사람들은 '값'이라 표현하기를 즐겨 합니다.
그래서 얼굴값, 이름값, 나잇값 등등의 말들이 생겨난 것이고
이들 언어 속에는 그 분량만큼의 책임이 들어 있습니다.

세월은 그냥 흐르는 것이 아니고 나이는 저절로 먹어가는 것이 아닙니다.
자연은 아무도 보아주지 않는 공간에서도 세월의 흐름을 발판삼아 튼실한 열매를 맺습니다.
우리네 삶도 흐르는 세월 앞에서 저절로 익어가는 성숙된 모습이 있어야 합니다.

마치 속으로 새겨지는 나이테처럼….

개를 기를 때

사람들은 대부분 개보다 우월함을 느끼게 됩니다.

하지만

'개 같은 놈'이나

더 나아가 '개만도 못한 놈'이란 표현을 하곤 합니다.

거기서 한술 더 뜨면

'개의 아들놈'이란 표현까지 서슴지 않는 것을 보면

정말 인간이 개를 닮아야 할지도 모르겠습니다.

 원숭이잡이

인도에 전통적으로 원숭이 잡는 법이 있습니다.
원숭이 손이 겨우 들어갈 정도의 항아리와 바나나 한 개면 충분하지요.
일단 항아리를 들고 가지 못하게 단단히 붙들어 매 놓고
그 안에 바나나를 넣어 두기만 하면 됩니다.

원숭이는 영리하여 항아리 속에 바나나를 쉽게 인지합니다.
손을 오므려 항아리에 넣는 것은 쉽지만
바나나를 움켜쥐고 손을 빼는 것은 불가능합니다.
원숭이는 잡힐 때까지 바나나를 놓지 못합니다.

단순하게 욕심을 버리면 잡히지 않을 것을….

믿음을 가지거나 수행을 하고자 할 때 필요한 것은
높은 교회 빌딩이나 화려한 전각의 사찰이 아닙니다.
어찌 보면 외형적 비대함이 정신세계를 좀먹을 수도 있는 것이지요.
가난한 교회나 절에서 목회자 또는 주지가 다툼을 벌이는 사례는 찾아보기 어렵습니다.
하지만 거대 교회나 종단에서 재산을 앞에 놓고
볼썽사나운 다툼을 벌이는 것은 쉽게 볼 수 있는 현상입니다.

욕심은 사람의 마음을 어지럽혀 판단력을 흐리게 하고
더 가지지 못한 느낌 때문에 현실을 불행으로 몰고 가며
결국 인생을 파멸에 이르게 하는 지름길이 됩니다.
꿀이 아무리 좋아도 많이 먹으면 토하게 됩니다.

더 가지려 욕심내지 않기
나보다 가난한 사람들 보고 업신여기지 않기
위만 쳐다보지 않고 아래도 함께 보기….
이러한 작은 행동이 행복을 가져다주는 샘이 됩니다.

초가집 추억

서늘한 바람이 한껏 밀어 올린 짙푸른 하늘이
참으로 높아 보이는 계절입니다.
울타리에 심어 놓은 박이 세월 속에서 속절없이 익어가는 것을 보며
어린 시절 초가집에 대한 추억에 잠겨봅니다.

선사시대 이래로 우리 조상들, 그 조상의 조상들은 대부분
초가에서 살았습니다.
현대식 콘크리트 건물에 벽돌집을 짓고 산 역사는
아무리 길게 잡아도 100년이 되지 않습니다.

초가는 우리네 삶과 그 궤를 같이합니다.
용마루부터 처마에 이르기까지 모난 부분 없이
둥글둥글한 것은 시골 아낙의 정겨운 인심을 닮았고
수수깡 엮은 벽에 황토와 짚과 소똥을 섞어 도배한 흙벽은
금방이라도 무너질 듯 위태로웠지만
모진 비바람과 더위와 추위를 피하기엔 그보다 더 좋은 것은 없었습니다.

우리나라 지형은 노년기에 해당합니다.
그만큼 산세가 억세지 않고 부드럽지요.
그런 산세와 어울리는 것은 모나지 않은 초가집입니다.

초가는 생명을 의미합니다.
1년에 한 번씩 지붕을 새로 해 이는 것이 일상화되어 있지만
초가지붕은 바람에 실려 온 풀의 싹을 틔우고
어른 손톱만 한 굼벵이를 실하게 키워내며
온갖 쥐들도 보듬어 기르는가 하면
집을 지킨다는 구렁이의 안식처가 되기도 하지요.
이렇듯 온갖 생명의 기운으로 넘쳐나는 공간 아래서
더불어 사는 속 깊은 정을 나누는 공간이 초가가 아닌가 합니다.
하루 일을 마치고 서산에 지는 낙조를 배경 삼아 집으로 돌아오는 길엔
초가집 뒤란에서 모락모락 이는 밥 짓는 연기보다 더 정겹고
포근한 것은 없었습니다.

가을엔 으레 지붕 위에 보름달 같은 둥그런 박이
소담스럽게 얹혀 있고
이른 아침을 울어주는 닭의 홰치는 소리도
초가지붕 언저리였다는 것을 기억합니다.

또한 부뚜막의 연장인 온돌에 아침저녁으로 불을 넣으면
마음대로 다스려지지 않는 연기는 온 집안을 감싸 돌고
그 매캐하고 알싸한 연기를 마시며 선잠 깨어 나선 마당
산 기운 내린 아침의 싱그런 공기는 이 세상 언어로 설명해 낼 방법
이 없습니다.

이 땅에서 태어나고 이 땅에 뼈를 묻은 사람들과

참으로 오랜 세월을 같이한 초가를 떠올리며
그 세월 속에서 익어온 겸손함을 닮고 싶다는 생각을 합니다.

 높아질수록 겸손하기

인간이 만든 불가사의한 구조물들이 있습니다.
만리장성이나 피라미드 앙코르와트 사원 등등.
세계 도처에 거대 문화가 자리하고 있습니다.

많은 사람들은 불가사의한 일이라 하며 경외하고 찬탄하며
특정단체에서 문화유산으로 삼기를 즐겨 하고
그 유산을 가진 나라는 자랑스러워 마지않습니다.

하지만 속을 들여다보면
영생을 하고 싶은 통치자의 추악한 욕심 아래
죄 없는 백성들의 수없는 생명과 땀과 고통이
녹아있다는 사실을 알게 됩니다.

만약 지금 시점에서
내가 사역장에 끌려가 온종일 돌을 정으로 쪼아야 한다거나

무거운 짐을 끌기 위하여 짐승처럼 생활해야 한다거나
친한 친구가 작업장에 무너진 돌에 깔려 이생을 달리한 것이
현실에서 이루어지고 있는 일이라면
그 구조물이 결코 자랑스럽거나 위대해 보이지 않을 것입니다.

예나 지금이나 권력을 잡고 힘의 우위를 점유하고 나면
부리는 백성을 하찮게 여기기 쉽습니다.
아래로부터 존경받지 못한 권력은 결코 오래갈 수 없다는 것도
역사가 증명해준 진실입니다.

우리도 시간이 흐를수록 사회적인 위치가 올라가면서
부와 함께 그 조직 사회에서 힘이 늘어갑니다.
개구리가 올챙이 적 생각을 하지 못하는 것이 보통 사람의 모습일 수 있습니다.

하지만 지위가 높아질수록 아랫사람의 의견을 존중하고
깊이 사랑하며 겸손해져야 합니다.
그것이 사회를 아름답게 하고 인생을 풍부하게 하기 때문입니다.

 내면과 외양

아름다운 용모란 근위병 없는 왕과도 같습니다.
왕이란 존재 자체만으로 위엄과 권위의 상징이지만
근위병이 없다면 그 위엄은 위험으로 변질할 수도 있습니다.

중국의 4대 미인은
서시, 왕소군, 초선, 양귀비 이 네 사람을 꼽습니다.
모두 아름다운 얼굴로 시대를 풍미했지만
인생의 말로가 좋은 사람은 한 사람도 없었습니다.

아름다운 용모를 갖고 태어난 것은
신이 주신 가장 좋은 선물을 받은 것이라 할 수 있지요.
하지만 이는 양날의 검과 같아서
겉을 치장하는데 지나친 나머지 내면을 가꾸지 못하는 우를 범하기 쉽습니다.

노래 가사 말에 이런 것이 있습니다.
"미스코리아 뺨치는 아내를 얻은 친구 녀석
처음엔 목에다 힘깨나 주고 다녔지
언제부턴가 아내의 흉만 늘어나
왜 그러냐? 물으니 친구 녀석 하는 말
살아봐~ 살아봐~ 그러면 알게 될 거야…."

만남이 깊어지고 세월이 흘러갈수록
외모보다는 내면의 아름다움이 더 빛을 내게 됩니다.

중용(中庸)에 다음과 같은 글귀가 있습니다.
"成於中 形於外(성어중 형어외)." 이 말의 포인트는 中과 外에 있습니다.
中이 마음의 내면이라면 外는 밖으로 드러난 외모를 의미합니다.
"마음속이 진실하면 결국 그것이 바깥으로 드러나게 된다."라는 의미이지요.

어제 졸업 앨범 사진을 찍었습니다.
남학생은 일찍 나와 준비를 하는데
여학생들은 20분이 지나도 나오지 않았습니다.
그 이유는 화장하는 데 시간이 걸린 것이지요.

고3에 화장이라…. 격세지감을 느끼지요?
가방 속을 책보다 화장품으로 채워가는 애들을 보면서
외모도 중요하지만 내면의 아름다움이 더 중요한 것임을
깨우쳐주지 못한 자신이 못내 안타까웠습니다.

우린 독특한 체면문화를 갖고 있습니다.
내가 바라보는 세상보다 남에게 보이는 세상이 중요한 문화 덕에
성형공화국이라는 소리를 듣기도 하지요.

그래도 예쁜 이성을 보면 왠지 기분이 좋아지는 것은 사실입니다.

그리고
成於中은 形於外가 없더라도 그 자체만으로도 아름다운 것입니다.

 자신에게 엄격하기

이 세상엔 두 가지 부류의 사람이 살고 있습니다.
아주 착하게 살면서 스스로 죄인이라고 여기는 사람과
죄짓기를 밥 먹듯이 하면서 스스로 착하다고 믿는 사람들입니다.

전자는 자신에게 엄격하면서 남에게 관대한 사람이고
후자는 자신에게 관대하면서 남에게 인색한 사람입니다.

한문에 대인춘풍 지기추상(待人春風 持己秋霜)이란 말씀이 있습니다.
"다른 사람을 대할 땐 따뜻한 봄바람처럼 관대하게 하고
자기 자신은 가을 서리처럼 엄격함을 지키라."라는 의미이지요.

인생은 관계성 속에서 여물어가는 것입니다.

당신은 자신에게 엄격한 편인가요?
아니면 저처럼 의지가 박약하고 우유부단하여

합리화라는 편한 방법을 동원하여
스스로에게 면죄부를 주는데 인색하지 않은 편인가요?

똑똑한 사람이 되는 것도 좋지만
남을 품어주는 따듯한 가슴이 있는 사람이 되는 것은 더 좋은 일입니다.

4 장

차 한잔의 여유

행복이란 '헐레벌떡'에 있는 것이 아니고

삶의 한 자락 여유로움 속에 있는 것입니다.

무너지지 않는 세월

여름내 살찌운 철새 떼가 아쉬운 발길을 서성이고
성장을 이뤘던 잎새가 이미 가을 소리를 냅니다.
길녘을 점령한 코스모스는 작은 바람에도 수줍고
마을 앞 해바라기는 파수꾼처럼 의연합니다.
차 한 잔, 책 한 권으로 대변되는 가을이 이미 곁에 와 있음을 느낍니다.

잎이 지고 나면 또 한해가 마무리되겠지요.
의식하지 못한 시간의 흐름은 또 얼마나 빠른지요.

아들놈이 군대 제대한 지도 1년이 넘어갑니다.
군 생활 동안 달력에 X표를 하며 긴 기다림 속에서 제대를 맞이했는데
"야, 너 벌써 제대했어?" 이런 말을 들을 때
속에서 울컥했다는 이야기….
항상 남의 시계는 나의 시계보다 빠른 것인가 봅니다.

세 번의 계절이 바뀌어 사 분의 삼이 또 그렇게 흘러가고
이제 달랑 석 장 남은 달력
모든 것을 버리고 침묵의 겨울을 맞이할 때입니다.

세월의 흐름은 잊힘의 다른 표현입니다.

또한 쇠락해져가는 기억의 주범도 세월입니다.
이런 세월의 흐름에 무너지지 말아야 할 것들이 있습니다.

항심(恒心)이 그것입니다.
항심은 늘 지니고 있는 떳떳한 마음이기도 하고
세월에 빛은 바랠지언정 변하지 않는 마음이기도 합니다.

몇 백 년 된 목조건물이
세월을 이기며 서 있는 것을 보면 경외심이 듭니다.
그 건물을 지은 것은 톱과 망치가 아니라
숙련된 목수의 제대로 된 기술입니다.

세월이 지나도 녹슬지 않는 것
누구에게나 있지만 사람마다 같지는 않은 것
그건 '한결같음'일 수 있습니다.

 시간 도둑

도둑이란 말 속에는 긍정보단 부정의 이미지가 실려 있습니다.
하지만 좋은 의미의 도둑도 없지는 않아서

야구에선 다음 베이스를 훔치는 것에 열광하기도 하고
마음을 훔쳐간 사람 때문에 가슴 아파하기도 합니다.

컴퓨터 분야에서 시간 도둑은 범죄에 해당합니다.
유료 사이트를 남의 아이디를 훔쳐 써서
그 시간만큼의 비용을 전가하는 행위를 의미하기 때문입니다.

하지만 시간 도둑은 내 주변에 항상 존재하고 있다는 것을 깨달아야 합니다.
우유부단함과 다음으로 미루는 습관, 쓸데없이 들락거리는 웹서핑
하릴없이 보는 텔레비전, 눈알이 빨갛도록 즐기는 컴퓨터 게임….
이런 것들은 가장 대표적인 시간 도둑입니다.

도둑이라 함은 남과의 관계성 속에서
어떤 물질이나 자금을 매개로 진행되는 것이지만
시간 도둑은 어쩌면 자신의 내부에서
특별한 물질의 이동 없이 진행되는 특징이 있습니다.

약속시간에 늦게 도착하는 것은 남의 시간을 도둑질하는 것이고
수업시간에 늦게 들어가는 것도 Time Thief에 해당합니다.

내게 주어진 시간은 무한정하여 무절제하게 펑펑 쓰다가 남겨두고 가는 것이 아니고
마치 한정된 모래시계와 같아서 모래가 다 떨어지고 나면

내 삶의 페이지도 덮어야 하는 것입니다.
그것이 인생이지요.

강물이 내가 정지해 있다고 해서 멈추지 않듯이
세월도 내가 게으름을 피운다고 해서 같이 게을러지는 것은 아닙니다.
한번 가면 되돌릴 수 없는 것을 불가역성(不可逆性)이라 합니다.
그러기 때문에 세월은 가장 소중하게 다뤄야 할 보물과도 같은 것이지요.

시간은 도둑맞을 수는 있지만 저축할 수는 없습니다.
사랑하는 데 쏟는 시간
지혜를 넓히고 경륜을 쌓는 데 쏟는 시간
외로운 이를 돌아볼 수 있는 시간….
의미 있는 시간 소비법을 개발할 필요가 있습니다.

열대지방을 여행하면서 아바타 영화에 나올 법한 큰 나무를 보았습니다.
그 나무는 하루아침에 만들어진 것이 아니라
참으로 오랜 세월 동안 성장을 이루어 큰 그늘을 만들고
그늘 속에 많은 것들을 품어낸 것임을 압니다.

그들의 시간은 정지된 듯 보이지만
날마다 꾸준히 끊임없이 성장한 결과이지요.
그 하루하루가 중요한 이유이고
더 나아가 지금의 순간이 참으로 중요한 이유입니다.

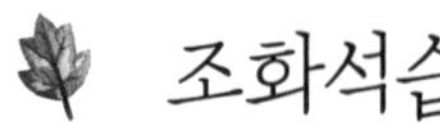

조화석습

조화석습(朝花夕拾)이라는 말씀이 있습니다.
아침 조/ 꽃 화/ 저녁 석/ 주을 습
아침에 떨어진 꽃을 바로 쓸어내지 않고
저녁때 치운다는 의미랍니다.
즉 떨어지는 꽃에서도 꽃의 아름다움과 꽃의 향기를 취하는
여유를 가지라는 의미일 겁니다.

가로수에서 떨어진 낙엽도
떨어지는 대로 치워버리는 세상입니다.
깨끗한 느낌은 덜할지라도
수북이 쌓인 낙엽을 밟으며
가을 소리를 마음으로 듣는 여유가 있었으면
좋겠다는 생각을 했습니다.

동양화가 서양화하고 다른 것 중의 하나가
여백의 미가 있다는 것입니다.
무언가 채우지 않고 비어있는 여유가 있다는 것이지요.

서양종과 동양종의 큰 차이는
소리의 근원에서 찾을 수 있습니다.
서양종은 종 안에 추를 달아 흔들어 소리를 내지만

동양종은 밖에서 때림으로써 소리를 냅니다.

대체로 서양종은 작고 동양종은 큽니다.
작은 종에서 나는 소리와
큰 범종에서 나는 소리는 차원이 다릅니다.
범종 아래는 소리의 울림을 위하여 울림통을 만듭니다.
그 비어있는 공간이 종소리의 긴~ 여운을 만들어내지요.

사람의 마음도 비어있는 공간이 있어야 합니다.
아무리 감동적인 문학작품이나 매력적인 음악이 있다고 하더라도
비어있지 않은 사람에겐 큰 울림을 줄 수 없습니다.

그 비어있음의 다른 표현은 여유입니다.

조그만 재주를 가진 사람은 그 재주를 드러내고자 동분서주하지만
커다란 재주를 가진 사람은 자신의 재주를 의식조차 하지 않습니다.
깊은 강이 소리가 없는 것처럼.

가을 애상

염천의 세월에서 갑자기 찾아온 가을처럼
우리네 인생에도 느닷없이 찾아오는 것이 있습니다.

열병처럼 앓는 사랑의 시작도
작별 인사도 없이 허망하게 떠나는 이별도
예고 없이 갑자기 찾아오곤 합니다.

이별은 영어로 Two(이) Star(별)라고 한다지요?
이별은 단순한 헤어짐의 의미로 설명될 수 있는 것이 아니라
아름다운 추억과 원망, 아픔을 간직한 개개인에게
저마다의 피사체로서 담아두고 있는 복합적인 그리움일 수 있습니다.

조락의 계절인 가을엔
만남보다는 이별이 더 어울립니다.
어쩌면 끝까지 곱게 물들여 보내는 나무처럼
사람도 만날 때보다는 헤어질 때가 중요합니다.

마지막의 모습을 오랫동안 간직하는
인간의 독특한 뇌 구조 때문이지요.

일전에 송별식 자리에서 어느 교사가 남긴 말씀이

이명처럼 남았습니다.
"여러분과 오늘 헤어지면 죽을 때까지 다시 못 만날 수도 있을 겁니다."
더불어 있을 때 최선을 다해야 하는 이유이지요.
가을입니다.
창을 열고 가을바람을 느껴 보세요.
고독은 덤으로 드리도록 하지요.

 영화 활을 보고 나서

지난 주말에 『최종병기 활』이란 영화를 보았습니다.
화면에는 시종일관 빠른 액션에 활이 등장했지만
그 이면을 흐르고 있는 내용은 줄곧 활(活)이었습니다.

그 배경은 병자호란의 뒷이야기입니다.
인조가 남한산성에서 치욕의 항복을 하고 난 후
노예로 끌려간 민초들의 이야기지요.

영화 말미에 남겨진 짧은 자막이 가슴을 아리게 했습니다.
"병자호란 기간에 50만 명의 조선인들이 인질과 포로로 끌려갔지만
송환은 없었다.

다만, 소수만이 그들 스스로의 힘으로 돌아왔다."

자기 백성을 돌보지 아니하고 역사에 부끄러웠던 왕에게
후대 사람들이 시호로 왜 인조(仁祖)라고 했는지
무엇이 그리 어진 것인지 이해할 수 없었습니다.

맹자에 다음과 같은 글귀가 있습니다.
民爲貴 社稷次之 君爲輕
민위귀 사직차지 군위경
"백성이 귀중하고, 사직은 그다음이고,
임금은 가장 가벼운 것이다."
그럼에도 백성을 버리고 혼자 도망가기에 급급했던
왕들의 슬픈 자화상을 봅니다.
그리고 그리 큰 고초를 겪고 돌아온 사람들도
이 땅에서 환향녀(還鄕女, 화냥년)라고 업신여김을 당하고
그 오랑캐 씨앗으로 태어난 자식들은 '호로자식(胡虜子息)'이라 불리어
평생을 주홍글씨처럼 멍에를 쓴 채로 살아야 했습니다.

세월이 갈수록 여의어 가는 것이 孝 사상인 것 같고
아울러 국가의 소중함을 가르치는 忠도 희미해져 가는 것 같습니다.

그래도 다행인 것은 해외에서 국민 한사람이라도 불이익을 당하면
그를 보호하기 위하여 애쓰는 국가가 있다는 사실입니다.
또 태평양전쟁이나 6·25 당시 전몰한 장병들의 유해를

고국의 품으로 가져오고자 노력도
늦은 일이지만 감사한 일입니다.

이역만리를 떠돌며 돌아올 조국이 없었던 시절이 먼 옛날이야기가 아닙니다.
요즘 '나라 사랑 교육'에 좀 더 힘을 기울여야 할 큰 이유이지요.

 양구 해안을 다녀와서

지난 주말
우리나라의 중심
그래서 배꼽 축제가 열리는 양구엘 다녀왔습니다.

길 양안으로 펼쳐진 가을의 누릇한 내음
시원한 소슬바람의 황금 들녘 예찬
한가롭게 떠 있는 뭉게구름
풍성한 들녘에 폭포같이 쏟아지는 햇살의 눈 부심….

민통선 안 두타연에 들렀습니다.
천년 세월에 씻기고 깎인 너럭바위 사이를

금강에서 나린 물이 시리도록 깨끗하여
속세에 찌든 때를 일거에 씻어줄 듯합니다.

사람의 발길이 뜸하여
발끝에 메뚜기가 차이는 길에서
때 묻지 않은 자연의 순수를 마음껏 향유할 수 있었습니다.

우린 좋은 경치를 혼자서 감상하면 자연을 보호하는 것이고
군중이 벌떼처럼 몰려와 보면 자연 훼손이라고 생각하기 쉽습니다.
하지만 그 개인 개인이 모여 결국 군중이 됩니다.
입장에 따라 판단이 달라지는 것이 인생입니다.
자기중심적 사고를 경계해야 하는 이유이지요.

을지 전망대에 올랐습니다.
평지보다 낮은 기온과 탁 트인 시야가 참으로 시원했습니다.
전망대는 북쪽을 향해 있지만
북쪽 산야를 보는 것보다 차별침식으로 생긴 동그란 해안 분지를
내려다보는 것이 더 신기했습니다.

다만 전망대 옆에 30m가량 촘촘히 박힌 말뚝이 있었는데
그곳이 대북방송용 스피커가 설치되었던 흔적이라고 하더군요.
훗날 통일의 그 날이 오면
이곳은 철책의 흔적, GP의 흔적, 전망대의 흔적, 흔적….
분단 관련 모든 것들이 흔적으로 남기를 기원해봅니다.

간결의 미학

짧고 간결할수록 좋은 것이 있습니다.
요즘 하의실종이라 부르는 미니스커트 이야기가 아닙니다.

소설을 쓰는 것보다는 시를 쓰는 것이 어렵습니다.
짧은 만큼 함축적인 의미를 담아내야 하기 때문이지요.
짧은 시보다는 표어를 정하는 것이 어렵고
표어보다는 구호를 정하기가 어렵습니다.

가끔 서예 전시회에 들러 한묵에 노닐다 올 때가 있습니다.
매번 느끼는 것이지만
아주 훌륭한 작품은 번잡하지 않습니다.
단아하면서도 차분하고, 인위적인 꾸밈이 적은 것이 특징이지요.
마치 진실에 포장지가 필요하지 않는 것처럼….

우린 복잡하고 소란스러운 도심에 있는 것보다
새소리, 물소리, 바람 소리 들리는
자연의 품에 안겨있을 때
영혼의 안식 같은 편안함을 느끼게 됩니다.
이들 모두는 치장으로 얻어진 것이 아니기 때문입니다.

대도무문(大道無文)이라 했습니다.

큰 대/ 도리 도/ 없을 무/ 무늬 문(꾸밈, 수식의 의미)
커다란 도는 꾸밈이 없다는 말씀입니다.
마치 들녘에 아무렇게나 핀 들꽃이 진정 아름답듯이 말입니다.
박수근 화백의 작품의 특성은
과감한 생략과 여백의 美랍니다.
어찌 보면 어린아이 그림 같아 보이지만
그 천진난만한 순수를 닮기는 어려운 일이지요.

 무신불립(無信不立)

이전 편지에서 외모의 아름다움을 무기로 나라를 어지럽게 한
중국의 미인 이야기를 했었는데요.

오늘은 주나라의 유왕 때 포사(褒姒)라는 미인에 관한 이야깁니다.

불우한 어린 시절을 보내고
비단 몇 필에 팔려 가게 된 아픔을 갖고 있는 포사는
유왕의 눈에 들어 그의 애첩이 됩니다.
그런데 포사는 좀처럼 웃는 일이 없었습니다.
그런 포사의 환심을 사기 위해 유왕은 왕비와 태자를 폐하고

포사를 왕비로 삼고 그의 아들을 태자로 삼았지만
그래도 포사의 웃음을 볼 수 없었습니다.

비단에 팔린 추억 때문인지 포사는 비단 찢는 소리를 좋아했답니다.
그녀가 좋아하는 모습을 보기 위해 온 나라의 비단을 거두어 찢기도 했지요.
그러던 어느 날, 누군가의 실수로 나라의 위급을 알리는 봉화를 올렸는데 그 봉화를 본 변방의 제후들이 왕궁으로 집결하는 것을 보고 포사가 마침내 웃었습니다.
이후 유왕은 오직 포사의 웃음을 보기 위해
걸핏하면 봉화를 올렸습니다.
제후들도 처음엔 소집에 응했지만
횟수가 거듭될수록 소집에 응하지 않게 되었지요.
유왕 11년 반란군이 수도를 향해 물밀 듯이 쳐들어옵니다.
다급해진 유왕은 봉화를 올렸지만 제후들의 구원병은 오지 않았습니다.

결국 포사의 웃음은 주나라를 망하게 하고 만 셈이지요.
어찌 보면 웃음의 주인인 포사의 잘못이 아닐는지도 모릅니다.
그 포사를 둘러싼 유왕의 그릇된 정치가 잘못일 수 있지요.

한편 유교적 입장에서 보면
말희나 달기, 포사와 같은 미인들로 인하여 나라가 망했다는
고사를 통해 현재 왕들에게 여색을 멀리하라는
경종을 울리기 위한 기록일 수도 있습니다.

신(信)은 사람(人)의 말(言)을 의미합니다.
말이든 행동이든 신뢰를 잃으면
양치기 소년이나 유왕의 현실과 다를 게 없지요.

공자님도 나라가 바로 서려면
足食足兵 民信之矣
족식족병 민신지의라 했습니다.
식량, 군, 신뢰, 이 세 가지가 나라의 근간이라고 한 것이지요.

그중에 하나를 버리라면 군대를 버리라고 하고
그다음엔 식량을 버리라 합니다.
그러면서 첨언을 하지요.
백성의 믿음 없이 나라를 지탱할 수는 없다고 말입니다.

무신불립(無信不立)입니다.
신뢰가 없으면 바로 설 수 없다는 것이지요.
현대를 불신의 시대라 합니다.
불신 때문에 들어가는 예산이 천문학적인 것을 보면
국가나 개인이나 믿음이 참으로 소중함을 깨달아야 합니다.

군자피삼단

君子避三端(군자피삼단)이란 말씀이 있습니다.
임금 군/ 아들 자/피할 피/ 석 삼/ 끝 단
무슨 고스톱 용어 같지요?
'삼고초려'가 쓰리고를 하면 초단을 조심(고려)하라는 의미라잖아요.
하지만 위 문장은 군자는 세 가지 끝을 피한다는 의미로
한시외전(漢詩外傳)에 나온 글이랍니다.

세 가지 끝이란
글쟁이의 붓끝(文士之筆端)
칼잡이의 칼끝(武士之鋒端)
말쟁이의 혀끝(辯士之舌端)이 그것입니다.

이 말은 자기에게 해를 가할 소지가 많은 사람들에게는
미리 조심해서 약점을 보이지 말라는 의미입니다.
화근을 미연에 막음으로써
자신의 몸과 마음을 더럽히지 않는 지혜를 말함이지요.

요즘엔 칼끝은 무디어졌지만
붓끝이나 혀끝은 아직도 예리합니다.
필화(筆禍)나 설화(舌禍)라는 말이 존재한다는 것만 보아도 알 수 있는 일이지요.

중요한 것은 위의 세 가지 끝이
나로부터 출발하는 것이 아니고 타인으로부터 출발한다는 것이지요.
그래서 옛사람은 무욕이(無欲易) 피명난(避名難)이라 했습니다.
"욕심을 없애는 것은 쉬우나
유명해지는 것을 피하는 것은 어렵다."라는 의미이지요.

욕심을 버리는 것은 자신에게 문제의 향방이 열려 있습니다.
나의 노력에 따라서 성과 패가 달린 것이지요.
하지만 유명해지는 것은 자기가 하고 싶다고 해서 되는 것이 아니고
피한다고 해서 피할 수 있는 것이 아닙니다.
그래서 더욱 조심하라는 것이지요.

위의 세 가지가 주로 내가 아닌 타인이나 외물의 발로이지만
정말 조심할 것 중에서는 자신에게서 돌출된 끝도 존재합니다.
특히 남자들에게는 말입니다.

 차 한잔의 여유

지난 유년기 시절에
속독에 관심이 많았던 적이 있습니다.

책을 두 줄씩 읽는 방법을 훈련하고
석 줄 넉 줄씩 늘려나가 나중에는 대각선 방향으로
최종적으로는 위에서 아래로 쭉 훑는 행위만으로 독서가 완성되는
이상한 과정을 흥미롭게 생각했던 시절이 있었습니다.

가끔 TV에 나와서 본인의 속독능력을 자랑하는 사람이 있습니다.
그런 사람들은 빨리 읽고 내용을 파악하는 데에는
일가견이 있을지 몰라도
훌륭한 작품을 읽으면서 가슴 찡하고, 눈물 나도록 감동을 하기에는
별로 능력이 없어 보였습니다.

학원가를 보면 단기완성이나 속성이니 하는 문구가 난무합니다.
교육에서도 속셈, 속독, 속기 등 빠른 것을 추구합니다.
하지만 참된 인격을 형성하기 위한 교육은 속성으로 이루어 낼 수 없습니다.
100권의 책을 건성으로 읽는 것보다
한 권의 책이라도 감명 깊게 읽는 것이 중요함을 알아야 합니다.

세상이 빛의 속도로 달리고 있습니다.
버튼만 누르면 스마트 폰이 온 세상의 정보를 코앞까지 물어다 줍니다.
영화나 음악이나 심지어 연애의 감정까지도 빠른 비트에 빠져 있습니다.
빠른 시간에 함몰되어 살고 있는 군상의 모습들….
하지만 과정의 정직함과 느림의 즐거움도 생각해야 합니다.

눈만 들면 보이는 자연인데
그 자연이 들려주는 이야기를 간과하는 경우가 많습니다.

봄이 되면 마른 대지에 새순이 올라오고,
앙상했던 나뭇가지에 가지와 잎이 돋아나며,
꽃들이 화사하게 피어납니다.

이 모든 것은 느린 듯하지만 적당한 속도로 때를 맞춰 이루어집니다.
성장이 멈춘 듯 보이지만 어느 순간이라도 멈추어있는 적이 없습니다.
자연은 어느 하나라도 세월 속에서 튼실한 열매를 맺지 않음이 없습니다.
인위적인 훼방이 아니라면 실패하는 경우가 거의 없지요.

자연에서의 삶은 느림입니다. 사람도 자연의 일부이지요.
조급함을 버릴 때 여유가 찾아옵니다.
느리게, 천천히, 여유롭게, 한가하게 걸으면
비로소 꽃이 피는 소리, 흙의 숨소리가 들립니다.

행복이란 '헐레벌떡'에 있는 것이 아니고
삶의 한 자락 여유로움 속에 있는 것입니다.

책만 보는 바보

조선의 실학자 이덕무라는 사람이
20살 되던 해(1761년) 간서치전(看書痴傳)이란 책을 썼습니다.
'책만 보는 바보'라는 의미의 자서전이지요.

책을 읽는 것은 독서(讀書)라고 표현하지, 간서(看書)라고 하지 않습니다.
讀에는 심사숙고하고 주의 깊음의 의미가 들어있지만
看에는 경치 구경하듯이 대충 훑어본다는 의미가 있기 때문이지요.
그래서 '책만 읽는 바보'가 아니고 '책만 보는 바보'라고 해석한 것입니다.

지은이가 독서라고 표현하지 않고 간서라고 표현한 데는
의미가 있을 것입니다.
조선조의 실학자들은 박지원을 빼놓고는 대부분 서자 출신이었습니다.
(이덕무를 포함해 이서구, 유득공, 박제가 등등.)

신분제도가 명확했던 조선 시대에서
서자는 호형호제를 못 했음은 물론
아무리 뛰어난 재주를 가졌다 해도 관직에 나갈 수 없었으며
행여 관직을 얻는다 해도 미관말직에 불과하였습니다.
아무리 열심히 공부해도 희망이 없으니 '책만 보는 바보'라는
역설적 표현을 사용한 것이 아닌가 판단됩니다.

하지만 우리 사회는 유연한 열린 구조를 갖고 있습니다.
취업이나 국가고시를 보는데 부모나 성별 출신 지역을 물어본 이후에 당락을 결정짓는 사례는 없습니다.

책을 많이 읽히고, 읽어야 합니다.
그래야 다양한 세계에 대한 열린 가치관을 가질 수 있습니다.
그리고 많이 읽는 것보다 제대로 읽는 것이 중요합니다.
가끔 책을 읽다 보면 심오한 깨달음을 주는 글귀를 만날 수 있습니다.
그 삶의 지혜는 책을 덮은 후에도 오래도록 여운으로 남습니다.
그것이 책을 읽는 즐거움이지요.

주자(朱子)는 독서삼도(讀書三到)를 이야기합니다.
안도(眼到)와 구도(口到), 심도(心到)가 그것입니다.
안도(眼到)는 눈으로 보는 것이며
구도(口到)는 입으로 소리 내어 읽는 것이며
심도(心到)는 마음으로 체득하며 읽는 것입니다.

요즘 아이들은 책보다는 영상물에 관심이 많습니다.
컴퓨터, MP3, 스마트폰, 닌텐토, PS3….
요즘 아이들의 영혼을 좀먹고 있는 기기들입니다.

잠은 사람을 꿈꾸게 하고 책은 삶을 꿈꾸게 합니다.

성당을 짓는 석공

『아들아, 머뭇거리기에는 인생이 너무 짧다』라는 책에는
다음과 같은 글이 실려 있습니다.

"젊은이가 여행을 하면서 성당을 짓는 석공들을 만나게 됐다.
처음으로 만난 석공은 땀을 뻘뻘 흘리면서
몹시 화난 표정으로 돌을 다듬고 있었다.
젊은이가 물었다. '지금 뭐하고 계십니까?'
그러자 그 석공은
'지금 돌을 다듬고 있는데 얼마나 힘들고 짜증 나는 일인 줄 알아?'
하며 인상을 썼다.

젊은이는 두 번째 석공을 만났다. 그리곤 똑같이 물었다.
그러자 그 석공은 무미건조한 표정으로
'나는 그냥 집을 짓고 있습니다.'라고 대답했다.
젊은이가 마지막으로 만난 석공에게 같은 질문을 했다.
그랬더니 그는 '나는 지금 아름다운 성당을 짓고 있습니다.'라며
환한 미소로 대답했다."

세 석공이 돌을 다듬고 있는 것은 같습니다.
하지만 비전과 계획, 긍정적인 마인드가
그들 삶의 가치와 행복에 큰 차이를 만들어냅니다.

1969년에 아폴로 11호가 달에 착륙합니다.
달에 발을 내딛는 최초의 우주인은
암스트롱과 올드린입니다.
암스트롱은 이런 말을 남깁니다.
"이 한 걸음이 나 한사람에게는 작은 발걸음일 뿐이지만
인류 전체에게는 위대한 도약이다."라고 말입니다.

그때 올드린은 암스트롱에게 그 첫발을 디딜 영예를 양보했습니다.
암스트롱은 자기가 영예를 독차지할 수 없다고 말하지요.
올드린은 "걱정하지 말게.
자넨 최초로 달에 착륙한 지구인이 될 테지만
나는 최초로 달에서 지구로 돌아가는 지구인이 될 걸세."

그리고 그 둘이 월면을 걸으며 온 지구인의 관심을 받고 있을 때
모선에서 달 주위를 선회하며 고독을 삼킨 콜린스의 노력이
있었다는 것도 생각해야 할 일입니다.

긍정과 배려 속에는 상생의 힘이 존재합니다.

자존심은 한자로 自尊心이라고 씁니다.
'자기를 존중하는 마음'이 자존심인 것이지요.
'나는 귀한 사람이다.'라는 생각을 가지면
긍정의 마인드가 생기고 행동이 달라집니다.
이런 작은 생각의 차이가 인생을 바꿉니다.

'자살'을 거꾸로 하면 '살자'가 되고
'내 힘들다'를 거꾸로 하면 '다들 힘내'가 됩니다.

 서대문 형무소를 다녀와서

서대문 형무소에 다녀왔습니다.
우리 황제 집무실인 근정전(勤政殿, 정치를 부지런히 한다는 의미의 건물) 앞에 총독부 건물을 짓고 민족정기를 말살하려던 일제는
중국 사신을 접대하던 모화관(慕華館)의 정문인 영은문(迎恩門, 지금의 독립문) 옆에 서대문 형무소를 지었습니다.
중국을 견제하기 위한 포석도 함께 깔린 셈이지요.

조선 시대 우리나라 형벌은 5가지였습니다.
태(笞), 장(杖), 도(徒), 유(流), 사(死)가 그것이지요.
태(매)와 장(곤장)은 매를 때리는 것으로 신체형에 해당하고
도와 유는 징집이나 유배로 일부 격리를 말하며
사는 사형을 의미합니다.
우리나라는 사형제도가 존재하는 나라입니다.
법률적으로도 존재하고, 복역 중인 사형수도 있지요.
하지만 15년 전부터 사형이 집행되지 않고 있어

국제사회에서는 우리를 사형폐지국으로 인정하고 있습니다.

우리나라 역사엔 지금의 교도소와 같은 형무소의 개념이 없었습니다. 단지 형이 확정되기 전에 죄인을 구금했던 전옥사만 있었을 뿐이지요. 역사 드라마를 보면 죄인을 심문할 때 으레 고문 장면이 등장합니다. 하지만 옛날에도 증거 중심의 과학적 수사가 있었다는 것을 상기시켜 극작가도 좀 더 작품성을 높이는 데 노력해주었으면 하는 바람이 있습니다.

서대문 형무소는 주로 일제 강점기 때 독립운동가나
양심수인 정치범들이 수용되어 있던 곳이라
근대 역사를 함축적으로 보여주고 있었습니다.

민간에 내려오는 이야기를 보면 사연을 안고,
억울하게 죽임을 당한 사람의 무덤가에 꽃이 피어나고
그 꽃의 유래가 설화로 남아 있는 경우를 봅니다.
어쩌면 통곡의 미루나무 너머 살아서 나올 수 없는 사형집행장에서
형장의 이슬로 사라진 독립 운동가들의 넋이
오늘날 대한민국이라는 꽃으로 피어났는지도 모를 일입니다.

한 시간 반 만에 형무소를 나오면서
담 하나 차이의 공기가
개방된 지금에도 이렇게 절절히 다른데
자유를 재단당하고 살아온 이들의 고초가

눈에 밟혀 가슴이 시렸습니다.

지금 우리가 누리는 따사로운 자유와
인권의 향기와 안식의 평화가
표현할 수 없는 감사함으로 다가온 하루였습니다.

 오대산 등정기

무르익은 가을 속에서 지인들과 함께 오대산에 올랐습니다.
나이를 가늠할 수 없는 아름드리 전나무들이 받치고 있는
눈이 시리도록 푸르른 하늘
너럭바위를 타고 흐르는 물소리
깊은 계곡의 숨소리….
온몸과 마음이 정화되는 느낌이 들었습니다.

천년을 하루같이
애욕과 흥망의 역사를 침묵으로 지켜온
나무가, 숲이, 산이 참으로 위대해 보였습니다.

오대산이란 이름 속에는

동대, 서대, 남대, 북대, 중대가 모두 들어 있습니다.
예로부터 신성시한 산이라 오대산사고(五臺山史庫)가 있었고
부처님의 진신사리를 모신 적멸보궁(寂滅寶宮)이 있는 곳이지요.

비로봉(1,563m)을 오르면서
이미 시작된 단풍의 단아한 자태와
햇살을 받아 찬란한 색의 향연 속에서 산에 취해 행복했습니다.

길가에 다람쥐들의 앙증맞은 모습이 많이 보이더군요.
사람들이 스트레스를 주지 않으니 경계심이 없어지고
그런 행동이 자못 위태로워 보이기도 했습니다.

다람쥐는 가을에 도토리를 물어다 여기저기에 묻어둡니다.
하지만 기억력은 별로여서 어디 묻었는지를 쉽게 잊어버립니다.
다람쥐의 기억력 덕에 도토리가 싹이나 자라게 되는 것이지요.
어찌 보면 참나무와 다람쥐는 이렇게 더불어 사는 공생의 길을
가고 있었습니다.

산이 등산객을 거부하지 않는 것처럼
때론 바람에 온몸을 내어주더라도 결코 흔들리지 않는 것처럼
포용하고 자신을 지키며 더불어 살아야 함을
산을 오르며 한 발 한 발 깨닫습니다.

* **적멸보궁**

적멸은 텅 비었다는 의미로 열반을 의미합니다.

보궁은 보배로운 궁전이란 의미로서 석가모니의

진신 사리를 모신 곳으로 불상이 없는 것이 특징입니다.

* **5대 적멸보궁**

우리나라에는 총 5개의 적멸보궁이 있습니다.

강원도에 4개, 경상남도에 1개가 있지요

1) 속초 설악산 봉정암

2) 평창 오대산 상원사

3) 고한 태백산 정암사

4) 영월 사자산 법흥사

5) 양산 영취산 통도사

추억 경영

가끔 집 안을 청소하듯이
컴퓨터 내부의 파일을 정리해야 할 때가 있습니다.

문서와 사진, 파일들. 지난날을 정리하다 보면

빛바랜 낡은 세월의 단면을 만나게 됩니다.

기억 저편에 아스라이 접혀있는 추억은
그리움의 다른 표현입니다.

그리움은 식물성입니다.
뿌리내린 그 자리에 머물러 있는 속성이 있기 때문이지요.

찬바람이 불고 이유 없이 마음이 쓸쓸해지는 날이면
더불어 차 한 잔 나누고 싶은
그런 사람이 생각납니다.

추억은 기차가 서지 않는 간이역 같아서
행복의 시간보다 기다림의 시간이 길고
떠난 빈자리에 그리움이 소복이 쌓이게 마련입니다.

추억은 절로 아름다워지는 속성이 있지만
더 좋은 추억을 만들기 위해서는
추억도 경영할 필요가 있습니다.
가장 훌륭한 추억 경영은 지금을 멋지게 살아내는 것이지요.

산 길

제 글의 원산지는 춘천댐 앞 작은 시골 마을입니다.
초등학교 땐 산길 한 시간을 걸어 통학하곤 했지요.

가을입니다.
가을엔 등산이 좋습니다.

도시를 끼고 있는 큰길이 있고 산속에 좁다란 오솔길이 있습니다.
큰길이 외형률이라고 한다면
산길은 내재율입니다.
큰 길이 각종 신호등과 표지판의 지배하에 놓여있는
외물의 영향권에 있다면
산길은 언제나 그 관할권이 개인에게 있습니다.

큰길은 넓어 좋으나 혼잡을 피하기 어렵고
산길은 홀로 걷는 1차선이라도 고즈넉이 존재합니다.
큰길은 원하는 곳에 일찍 도착하는데 목적이 있고
산길은 여유로움 속에서 산의 정기와 나무의 기운과 꽃의 영혼과 교감하는 데 목적이 있습니다.

큰길은 앞차가 느리게 가면 조급해지고 추월하는데 쾌감을 느끼지만
산길은 느리면 느린 대로 좀처럼 추월이 일어나지 않으며

혹 추월하더라도 인사만은 "죄송합니다." 이것입니다.

큰길은 목적지에 도달하지 않으면 멈출 수 없지만
산길은 스스로 정한 곳이 목적지이고 길이며 진리입니다.
큰길은 유턴을 만나야지만 돌아올 수 있지만
산길은 언제든 마음만 먹으면 돌아올 수 있습니다.

큰길은 만남이 존재하지 않고 군중 속에서의 고독이 존재하며
주변은 복잡하지만 관계성은 단조로워 한없는 외로움을 줍니다.
산길은 인식의 내부로 나 있어 모르는 사람에게도
쉽게 마음을 열게 하고 믿음을 주며,
넓어지는 관계 덕에 행복감을 줍니다.

우리의 삶의 과정이 큰길인가 산길인가
가끔은 되돌아볼 필요가 있습니다.

 마음으로 듣는 언어

지구상에 인간만큼 발달한 언어를 구사하고 있는 동물은
유사 이래로 보고된 적이 없습니다.

물론 꿀벌이나 돌고래, 침팬지 등이 특유의 의사소통 방법을 갖고 있지만
그들은 많아야 40개 정도의 신호를 주고받을 뿐
인간처럼 수십만 단어를 사용하는 경우는 없습니다.
그 양적인 측면도 중요하지만 보다 근본적인 차이는
언어의 질적인 차이에 있습니다.

이 언어가 동물과 인간을 구분 짓는 절대적인 특징이지요.
하지만 지금부터 드리고자 하는 말씀은 귀로 듣는 언어에 대한
이야기가 아닙니다.

순수한 마음으로만 들을 수 있는 언어에 대한 이야기지요.
그것은 바로 자연이 들려주는 소리입니다.
자연보다 위대한 스승은 없습니다.

낙엽의 바스락거리는 소리는 지난여름을 이야기하고
바람에 실려와 겨우 싹을 틔운 작은 씨앗은 생명의 소중함을,
악조건 속에서 화사하게 피어난 꽃은 희망을 이야기합니다.

이런 자연의 소리를 들을 수 있어야 합니다.
욕망으로 점철된 인간의 귀로는 들을 수 있는 소리가 아닙니다.
오직 순수하고 따뜻한 가슴으로만 들을 수 있는 언어이지요.
온통 노랑 잎으로 치장한 은행나무 아래를 걸을 때나
플라타너스 둥근 열매가 주렁주렁한 공원의 벤치에서

잎 지고 난 후 열매의 풍성함을 달고 있는 감나무 그늘에서
땅에 붙어서 겨우 피어나 가까이서 보아야
겨우 볼 수 있는 여린 꽃에서
그런 자연의 심오한 소리를 들을 수 있습니다.

가만히 마음을 열고 들어보세요.
치장하지 않아도 왜 그리 눈부시게 아름다운지
누군가 보아주지 않아도 왜 최선을 다해 꽃을 피워 올리는지
그 소박한 행복의 원천이 무엇인지를….

 폭풍 같은 사랑

1991년에 발표된 노래 중에
“꿈으로 가득 찬 설레이는 이 가슴에 사랑을 쓸려거든 연필로 쓰세요.
사랑을 쓰다가 쓰다가 틀리면 지우개로 깨끗이 지워야 하니까…”
이런 가사 말씀의 노래가 있습니다.

젊었을 때 참 많이 듣고 부르던 노래였는데
가만히 생각해보면
사랑을 연필과 지우개의 낭만으로 치부하기에는

그 존재의 가벼움이 너무 크다는 생각이 듭니다.

사랑을 하려면 운명처럼 폭풍 같은 사랑을 해야 합니다.
연필로 가볍게 쓰는 사랑
수틀리면 바로 지워버릴 수 있는 사랑
그것을 사랑이라고 이름 할 수 있을까요?

가끔 아이들과 소통한다는 이유로
최신 노래를 들을 때가 있습니다.
빠른 비트와 말초적 감각의 가사 말들은
이곳에 글로 옮기기엔 너무 선정적이고 직설적입니다.

요즘 청소년들을 보면
도덕과 윤리, 심지어 사랑하는 방법마저도 잃어버린 느낌이 듭니다.
생각을 거치지 않고 바로 튀어나오는 거친 말들과
절제가 무엇인지조차 모르는 아이들이 늘어갑니다.

아이들 손에 스마트 폰보다는 책을 들려줘야 합니다.
물건 아까운지 모르고 씀씀이만 커진 아이들에게
낭비와 소비의 미덕을 혼동하지 않도록 알려줘야만 합니다.
쓰고 버리는 문화에 젖어
사람과의 관계성도 일회용으로 아는 아이들에게
인간의 내면을 깊이 헤아릴 수 있는 능력을 길러줘야 합니다.

이들의 어깨엔 그들 인생뿐만 아니라
우리의 미래도 함께 걸려있기 때문입니다.

 눈 속에 핀 매화

오늘의 힘듦을 고난이라고 표현합니다.
하루하루가 너무 힘들어 고통 속에 사는 사람도 있지요.
그러나 별다른 고생 없이 평탄한 삶을 산 사람 중에서는
커다란 업적이나 성취를 이룬 사람을 찾아보기 힘듭니다.

세계적인 위인들은 어느 한 사람도
고난 없이 성공한 사례가 없습니다.
위인들은 역경에도 불구하고 위인이 된 것이 아니라
사실 역경 덕분에 위대한 업적을 이룰 수 있었던 것이지요.

공자는 사생아 출신이었고
베토벤은 말년에 청각장애인이었으며
안데르센은 가난한 집안에서 태어나 초등학교도 다니지 못했고
아인슈타인은 성적 부진으로 퇴학을 당했으며
링컨의 집안도 초라하기 그지없어 학교 근처엔 가보지도 못했습니다.

하지만 이들 모두는 그 처한 환경을 딛고
위대한 업적을 남긴 사람들입니다.
그들 인생엔 좌절(OTL)이 없었던 이유이지요.

여름 뜨거운 햇볕이 과일의 단맛을 내듯이
역경은 인생의 단맛을 만들어 냅니다.
아름다운 것은 성공했기 때문이 아니라
실패했지만 일어섰기 때문입니다.
희망찬 미래는 하루아침에 오지 않습니다.
고통의 시간이 지나가기를 기다리기만 한다고
미래가 저절로 밝아지는 것도 아닙니다.
스스로 깨어 의미 있는 노력을 해야 합니다.
그럴 때 미래는 들꽃처럼 피어날 수 있는 것이지요.

아무리 좋은 씨앗을 심더라도
준비된 땅만이 화려한 꽃을 피울 수 있고
아무리 햇살이 눈 부시다고 하더라도
미래를 품은 나무라야 훌륭한 열매를 맺을 수 있습니다.

그래서 선인들은 이야기합니다.
"눈물 젖은 빵을 먹어보지 못한 사람하고는
인생을 논하지 말라."고….

오늘을 너무 힘들게 하는 것은

어쩌면 위대한 내일을 준비하기 위한 신의 섭리일 수 있습니다.
눈보라 속에서 피어난 매화가 정말 아름다운 이유이기도 하지요.

 농부가 밭에 씨를 뿌리는 이유

농부가 밭에 씨를 뿌리는 이유는
땅에 대한 깊은 신뢰가 있기 때문입니다.

지금은 황무지 같은 거친 밭일지라도
묻어놓은 씨앗이
봄철의 따사로운 햇볕에 잠 깨어
여름의 천둥과 비바람 속에서도 꿋꿋이 자라
가을에 풍성한 결과를 돌려줄 것을 믿어 의심치 않기 때문입니다.

그러한 믿음은
봄에 밭갈이의 힘듦을 견디게 하고
한여름 뙤약볕 아래서의 김매는 수고로움을 견디게 하며
가을철 해충과 새떼와의 전쟁을 견디게 합니다.

우리가 살아가면서 받는 스트레스 대부분은

다른 사람을 신뢰할 수 없다는 데서 비롯하는 경우가 많습니다.
뒤집어 표현하면 내가 남을 믿어주면
그만큼 행복지수는 높아진다는 것이지요.

우린 어린아이의 해맑은 웃음을 좋아합니다.
엄마 품에 안겨 젖을 빨고 있는 아이의 얼굴보다
더 행복한 모습은 없습니다.
이는 아이와 엄마가 사랑과 믿음으로 한몸이 되어있기 때문이지요.

스트레스는 내 마음의 산물입니다.
미워하거나 의심하는 것도 출발은 내 마음입니다.
그러한 과정의 어려움 속에서 가장 힘든 사람도 '나'입니다.

그냥 진실한 모습으로 나를 던져 믿고 사랑해보세요.
가끔 저버린 신뢰의 모습으로 결과가 돌아온다고 하더라도
의심으로 불면의 밤을 지새우는 불행보다는
믿고 행동하는 행복이 더 건강하지 않을까요?

믿으세요.
그러면 그 믿음이 적절한 시기에
믿는 바를 객관적인 현실로 창조해 낼 것입니다.
믿음은 바라는 것의 실상(實相)이기 때문입니다.

나무늘보 인간 되기

지구상에서 가장 느린 동물로는
나무늘보를 꼽을 수 있습니다.
하루에 보통 18시간 이상을 자고
나무 사이를 옮겨 다니며 사는데 평균 시속이 900미터랍니다.

광속의 시대에 나무늘보는 인간과 얼마나 다른 생활방식으로
삶을 살아가는지를 몸으로 보여줍니다.
세상에서 가장 지루한 중학교는 '로딩중'이라고 합니다.
5초를 기다리는 것도 인내하지 못하는 것이 현대인의 특징이지요.

어쩌면 나무늘보는 속도를 포기한 대신에
넓이와 깊이를 헤아리는 여유를 얻었는지 모릅니다.

옛날에 슬로우 쿠커라는 솥을 산 적이 있습니다.
닭백숙을 만드는데도 오후 내내의 시간을 들여야 합니다.
은근히 익어 맛을 내는 그런 솥인 셈이지요.
저온 요리로 영양소 파괴가 적고 눋지 않게 진국을 만들 수 있는
장점이 있는 솥이더군요.

성질 급한 사람과는 어울리지 않는 것들이지요.
요즘엔 자동차나 음악이나 삶의 모든 것들이 빠름에 맞추어져 있습

니다.
하지만 단지 몇 줄로 요약된 고전의 내용으로는
원전에서 우러나오는 형언할 수 없는 감동을 재현할 수 없는 일이고
사뭇 빠른 비트의 음악에서는 느리지만 아름다운 선율 속에서의
편안함을 느낄 수는 없는 일입니다.

길가에 예쁜 꽃이 피어있다고 하더라도
멈춰서 감상하지 않고는 그 아름다움을 느낄 수 없는 것처럼
우리 삶에서도 여유를 가져야 진실이 보이는 경우가 많습니다.

느리게 산다는 것은 주변을 돌아보며
배려하며 산다는 것을 의미합니다.
다만 게으름과 느림을 혼동해서는 안 될 일이지요.

매일매일 복잡한 생활 속에서도 침묵의 산을 바라볼 수 있어야 하고
빠른 자가 항상 승리하는 것이 아니라 빠른 것보다 더 중요한 것도
있음을 인지해야 하고
낙락장송이 그토록 큰 성장을 이룬 것은 천천히 서두르지 않고
꾸준히 자랐기 때문이라는 것을 기억해야 합니다.

축구와 어린아이

월드컵 예선 경기가 한창입니다.
우리나라가 조 선두를 달리고 있네요.
국가대항전일 때 스포츠만큼 애국심을 자극하는 것도 없을 듯합니다.

축구 경기에는 다른 경기와 판이한 것이 하나 있습니다.
입장할 때 선수들이 어린아이들의 손을 잡고 입장하는 모습이 그것이지요.
이들을 키즈 에스코트라고 부르기도 하는데,
그 이유가 무엇일까요?

축구공은 저개발국가에서 주로 만들어집니다.
공의 특성상 수작업으로 만드는 경우가 많지요.
인도의 어느 소년의 이야깁니다.

"저는 온종일 무릎과 무릎 사이에 축구공을 만드는 가죽 조각을 끼고서 꿰맵니다.
바늘이 들어갈 구멍을 가까이 보며 꿰매다 보니
눈과 머리에 긴장이 되고,
실을 꼭 조이다 보니 손가락이 휘어지기도 하죠.
입으로 실을 당기기도 합니다.

보통 아침 8시에 일을 시작해 날이 어두워질 때까지 합니다.
전기를 아끼느라 저녁이면 어두운 불빛 아래서 일을 하기도 하죠.
우리는 공을 반구로 만드는 정도까지의 작업을 하는데, 하루에 5루피(100원 정도)를 받습니다."

그들은 공을 만들 뿐이지 그들이 만든 공을
차볼 기회가 없습니다.
이런 아이들이 제3세계에 널려있는 흔한 일이라는 것이지요.

아이들의 노동력 착취로 만들어진 공으로
지구상의 축제인 월드컵이 열려서는 안 됩니다.
그 사죄의 의미로 어린아이와 함께 입장한다고 하니
늦은 일이지만 잘된 일입니다.

다만 해설자나 진행자가 그 이유만이라도 알려줘서
많은 사람들이 그런 아픔의 역사가 더 이상 진행되지 않도록
공감하고 동참하는 것이 중요합니다.

빈자(貧者) 착취의 대가로 부자(富者)의 배를 불리는 사회가 되어선 안 됩니다.
흐르는 세월 앞에서 모두가 공평하듯이
인간이 존엄하다는 사실 앞에서 모두가 겸허해야 할 필요가 있습니다.

정신적 승리법

옳음과 그름을 가름하는 것은 쉬운 일이 아닙니다.
입장과 처지에 따라서 평가를 달리하기 때문입니다.
즉 내 입장에서 보면 옳음인데 반대편에서 보면 그름일 수 있고
내 입장에선 그름인데 반대편에선 옳음일 수 있습니다.

입장 바꾸어 생각하기와 역지사지(易地思之)를 끊임없이 외치지만
그것도 나를 정당화시키기 위하여
남에게 퍼붓는 포화일 경우가 많습니다.
정작 나는 그의 입장에서 생각하려 하지 않는 것이 인생이라는 것이지요.

대부분의 사람들은 자신의 행동에 대하여
진실 여부를 떠나 나를 옳게 바라봐 주기를 원하고
스스로도 옳다고 여기는 경우가 많습니다.

그것이 심리학에서 말하는 '자기 합리화'이고
노신이 말한 '정신적 승리법'일 수 있습니다.

그 질곡에 빠지지 않는 길 중의 하나는
객관화된 자아를 확립하고자 노력하는 것입니다.

그리고
옳지 않은 것을 옳지 않다고 말하기 위해
너무 많은 용기가 필요한 세상 또한 옳지 않습니다.

 체념의 사슬

팔팔한 벼룩을 잡아다 매스실린더에 넣고
메스실린더를 옆으로 뉘어 놓으면
벼룩은 높이뛰기에 수없이 실패를 거듭하게 됩니다.
결국에는 더 이상 뛰어오르려 하지 않게 되지요.
그 벼룩은 실린더 밖에 꺼내 놓아도 더 이상 뛸 수 없는 벼룩이 됩니다.

코끼리도 마찬가지랍니다.
코끼리의 힘은 정말 대단해서 전봇대를 뽑을 정도의 괴력을 발휘합니다.
서커스에 동원된 코끼리가 묶여있는 말뚝은 보잘것없는 나무기둥이고
그 끈도 쇠줄이 아니라 허술한 밧줄입니다.
코끼리가 작은 힘만 써도 쉽게 벗어날 수 있는 사슬이지요.

하지만 코끼리는 이상스럽게도 그 사슬을 벗어나지 못합니다.

어릴 적 단단한 쇠말뚝에 쇠줄로 묶여 있어
아무리 당겨도 벗어날 수 없다는 것을 알기에
몸집이 커지고 힘이 세어지고 묶인 끈이 허술한데도
무기력하게 묶여있을 수밖에 없습니다.

사실 코끼리가 묶여있는 것은 사슬이 아니라
마음속의 사슬인 관념적인 사슬, 체념의 사슬에 묶여있는 것입니다.

우리네 인생도 마찬가지입니다.
자기중심엔 엄청난 능력과 힘을 가지고 있는데도 불구하고
목표상실 증후군이나, 자아 상실감, 부정적 경험 때문에
스스로를 말뚝에 묶어 놓고, 능력의 한계를 긋고 살아가는 사람들이 많습니다.

모든 인간을 100%로 봤을 때
37%는 아예 목표 없이 인생을 살고
60%는 목표는 있으나 그럭저럭 인생을 살아내며
자신을 혁신하고 노력하며 능력의 최대치를 발휘하는 사람은
3%도 안 된다고 합니다.

수치로 나타난 퍼센트의 문제가 아니라
지금 나 자신이 목표를 향해 제대로 가고 있는지
한 번쯤은 돌아보아야 하고
능력을 감금한 채 스스로 미리 포기하는 어리석음은 없는지 반성해

보아야 합니다.

당신 안에 잠자고 있는 거인을 깨우시기 바랍니다.

 서양과 동양의 차이

서양과 동양은 참 많은 부분에서 차이를 보입니다.
서양의 학문이 존재론이라고 한다면 동양은 관계론이라고 할 수 있습니다.

서양 사람들은 과학이 매우 발달했음에도
조수 간만의 차가 달에 의하여 발생한다는 사실을 인지하지 못했습니다.
그들 눈에는 달은 그냥 달일 뿐이고 지구는 지구일 뿐
존재론적 관점에서는 그 둘의 관계를 확립할 방법이 없었던 것이지요.

하지만 동양에서는 관계론적인 관점에서 이 둘을 봅니다.
공간이란 우주의 기운이 꽉 차 있어
달과 지구는 동떨어진 것이 아닌 관계에 기초한다고 생각합니다.
따라서 지구와 달의 인력관계를 쉽게 유추해 낼 수 있었던 것이고 일찍이 음력이 발달한 이유이기도 하지요.

서양 사상을 이끌어 온 두 축은 과학과 종교입니다.
거슬러 올라가면 헬레니즘과 헤브라이즘이라고 할 수 있지요.
과학은 탐구와 발전의 동력을
신앙은 사회 갈등의 조정역할을 제공해 왔습니다.
하지만 문제는 과학과 종교 사이에는 모순이 존재한다는 것이지요.
과학은 전혀 종교적이지 않고
종교 또한 전혀 과학적이지 않습니다.

하지만 동양은 그 중심에 인본주의적이라는 가치가 있습니다.
현실 사람이 중심이어서 내세관이 없는 것이 특징이지만
그 속에는 인간과 인간 사이의 관계를 규정짓는 따뜻함이 존재한다는 것입니다.

동양학의 대표격인 논어에서
공자는 덕불고 필유린(德不孤 必有隣)이라 말합니다.
*덕 있는 자는 외롭지 않고 반드시 이웃이 있다.
덕성이 곧 인성이라는 것이지요.

인성은 자기만의 성장을 기반으로 하고 있지 않습니다.
기욕립이립인(己欲立而立人)
기욕달이달인(己欲達而達人)이라 말하기도 합니다.
자신이 서고자 하면 남을 먼저 세워주고,

자신이 이루려고 하면 남을 먼저 이루게 해 주어라는 말씀이고,

기소불욕물시어인(己所不欲勿施於人)이란 말씀도 있어
내가 하고 싶지 않은 일을 바를 남에게도 시키지 말라는 말씀도 있습니다.

어쩌면 인간은 이기적인 존재일 수 있지만
관계를 떠나서는 행복할 수 없다는 아름다운 진실을
내면으로 깨달을 필요가 있습니다.

항아리 같은 사람

어느 학교 여교장 선생님의 별명이 '항아리'였습니다.
보통 사람보다 몸집이 좀 크셨던 모양입니다.
복도를 지나가는 교장 선생님 뒤에서
누군가가 "항아리, 항아리." 하고 놀렸습니다.
물론 해당 반은 저녁 늦게까지
학생주임의 훈육을 지겹도록 받아야 하는 아픔이 있었지요.

그런데 저는 요즘 항아리 같은 사람이 참 좋습니다.

외모의 문제가 아니라
질박하고 순수한 꾸미지 않음에 대한 멋스러움에
그 겸손함과 지혜가 넘쳐나기 때문입니다.

항아리는 그리 아름다운 빛깔로 수놓아진 것도 아니고
고급스러운 유약을 바르거나 형태의 멋스러움을 추구한 것도 아닙니다.
단지 무엇을 담기만 하면 될 수 있도록
최대한 간소하면서도 투박한 모습을 하고 있지요.
오히려 외양을 추구하지 않는 모습 속에
더 진솔한 삶을 담고 있는지도 모릅니다.

된장이나 고추장을 담글 때는 반드시 항아리에 담아야 합니다.
무생물인 항아리이지만 숨을 쉬고 있기 때문이지요.

으레 시골의 뒤뜰에는 장독대가 있게 마련이고
올망졸망 항아리들의 아기자기함 속에서
어머니의 손맛이 세월로 익어가게 마련입니다.

요즘 도시 생활엔 항아리 보기가 힘이 듭니다.
항아리 속에서 집집이 특별한 별미가 익어가던 순수는 없고
일률적으로 구매한 맞추어진 입맛만이 존재할 뿐이지요.

항아리에 무엇이 담기느냐에 따라 그 쓰임새가 다르듯이
우리네 인생도 마음속에 무엇을 담느냐가 중요합니다.

단 항아리의 크기는 중요하지 않아요.
중요한 것은 깨진 항아리가 되지 않는 것이며
온전하더라도 절대로 뒤집어진 항아리가 되면 안 되는 것이지요.

우리는 모두 마음의 항아리를 잘 갈고 닦아야 합니다.
우주에서 단 한 사람, 가장 존귀한 사람이기 때문이지요.

(* 참고로 선술집에서 쓰는 대포란 大匏로서 큰 바가지 술을 의미하고,
술 잘 마시는 호주는 壺酒로서 항아리 말술이란 의미를 지닙니다.)

5 장

벽과 담쟁이

척박한 벽에 의지하여 살아가는 담쟁이를 보면서
우리가 가진 것이 없다고 해도
한 떨기 꽃을 피워내지 못할 이유가 없다는 생각이 들었습니다.

역사에 책임지기

요즘 사극을 보고 있습니다.

광개토태왕이나 계백, 공주의 남자….

모든 드라마에서 전쟁과 죽음은 필수과정으로 다루고 있지요.

전쟁의 발단은 대부분 지도자의 영토나 세력 확장을 이루기 위한 욕망에 기인합니다.

지도자는 백성들에게 창과 칼을 들려 전쟁터로 내보냅니다.

그 무수한 생명 희생의 대가로 승리와 땅을 쟁취하지만

그 어떤 드라마에서도 승리의 기쁨에 겨워 축배를 드는 모습은 보았지만 왜 삶을 버려야 했는지

의미도 알지 못하고 죽어간 민초들의 죽음을

애도하는 것은 보지 못했습니다.

생명을 담보로 하는 전쟁은 인류가 해결하지 못한 난제 중의 하나입니다.

안정효의 장편소설 『하얀 전쟁』이 있습니다.

우린 하얀 것은 무조건 좋다는(백인 우월주의의 영향) 의식을 갖고 있지요.

그 소설 속의 이야기는 '왜?'를 묻지 않습니다.

전쟁이 얼마나 비인간적이고, 비열하고, 미화할 수 없는 것인지를

현실감 있게 그려내고 있지요.

저는 어렸을 때 군가를 많이 부르며 자랐습니다.
특히 1955~1975년 사이에 일어난 베트남 전쟁에 용병으로 참전하면서 백마부대, 맹호부대, 청룡부대의 무용담을 칭송하는 노래들이 주류였었습니다.
그들이 왜 이국땅에서 낯선 민족과 총부리를 겨누고 죽어가야 했는지 왜 그들이 고엽제와 소이탄 속을 뛰어다니며 고국의 하늘을 그리며 삶을 마감했는지 그리고 팔이나 다리를 잃고 상이군인으로 돌아온 이들의 슬픔은 어떤 것인지 아무도 설명해주지 않았습니다.

단지 우리가 보아온 것은 반짝이는 훈장과
월급을 모아 집을 샀다는 이야기와
내가 월남에서 베트콩 몇 명을 죽였다는 무용담뿐이었지요.

6·25 당시에 우리나라엔 180만이 넘는 유엔군이 있었고
그들이 우리나라 처녀들을 유린하고 강간한 사례가 넘쳐남에도
우리에겐 도움을 받았다는 이유 하나만으로 그 역사를 바로잡을 힘이 없었습니다.
마찬가지로 우리나라 병사들도 베트남에서 그곳의 처녀들에게
인간으로 하지 말았어야 할 짓들을 많이 한 것도 사실입니다.

그것은 옳고 그름을 떠나서 전쟁이라는 극한 상황이 연출하는
어쩌면 내일을 담보할 수 없는 병사들의 간절한 심리상태의 표출일 수도 있었겠지요.

그 베트남 여인과 한국군과의 혼혈아들을 '라이따이한'이라고 부릅니다. (*라이는 혼혈을 의미하는 베트남 언어이고, 따이한은 대한을 그리 부른 것이지요.)
그 숫자는 약 15,000명 정도를 추산하고 있지만, 정확한 숫자는 기록에 없습니다. 문제는 그들의 삶을 한국인 아버지나 우리 정부가 방치하고 있다는 사실이지요.

우리도 한때는 굴욕의 역사가 있었고, 그들에게 끊임없이
사죄와 배상을 요구하고 있습니다.
망언에 분개하고, 치를 떨며, 역사를 서러워합니다.
어쩌면 우리가 남한테 우리에게 입힌 상처를 치유해 놓으라고 매달리기 전에 우리가 저지른 잘못에 대해서도 그들을 찾아 보듬어주고 치유해줘야 합니다.

개인의 삶이든 역사 속의 국가든 간에 책임을 회피하는 모습은 아름답지 않습니다.
나의 지나온 길을 반성하지 않고 남만 탓해서는 더 이상 발전을 기대하기 어렵기 때문입니다.

가을의 향기

기온이 영하로 내려가
가을이 떨어져 발밑에 뒹굴고
스산한 바람 앞에 스러진 세월
지나간 삶이 눈에 밟히고
지천명 세월이 두려워 왠지 자괴감마저 드는 아침
황혼이라는 단어가 시린 날입니다.

바람이 그리움 되고
낙엽은 추억이 되어 켜켜이 쌓인 길을
아무런 생각 없이 걸었습니다.

매양 푸르를 것만 같던 산이, 들이, 천지가
가슴을 쥐어짜 물들인 형형색색이 단풍이
또한 이리 아름다운 것인지 새삼스러웠습니다.

가을을 더욱 낭만스럽게 하는
코스모스에 파묻혀 온종일을 지내고 싶었습니다.
그러고 보니 어릴 적 코스모스가 더 아름다웠다는 생각이 듭니다.
작은 키 덕분에 코스모스는 언제나 푸른 하늘을 배경으로 하고 있었지요.
성장하고 나서 그 꽃이 아래로 보일 때

신비로움도 걷혀가는 것 같아 아쉬움이 남았습니다.

50을 넘기니 이젠 인생도 가을을 맞이할 때가 되었나 봅니다.
어떤 모습으로 인생의 가을을 맞이해야 할까요?
우선 영혼이 맑은 사람이 되고 싶습니다.
주변을 넉넉한 사랑으로 채워 여유의 향기가 풀풀하고
지식을 쌓아가는 것보다는 덕을 쌓는 일에 힘쓰고 싶습니다.
그리하여 언젠가 인생의 종착역에 다다랐을 때
내 인생의 열매가 주변에 향기로 남을 수 있기를….
그리 살 수 있기를 기도해봅니다.

 침묵의 일꾼

우리나라엔 2,000미터가 넘는 산이 없습니다.
적어도 남한에는 그렇다는 것이지요.
남한에서 최고 높이의 산은 한라산으로 1,950미터가 전부입니다.
[한라산 높이 쉽게 외우는 법 = 한 번 구경 오십시오.(1950)]

어쩌면 우리에게 높은 산이 없기에
에베레스트 정상에 태극기를 꽂았다든지

히말라야 14좌 완등이니 하는 뉴스에 열광하는지도 모릅니다.

높은 산은 전문 산악인만 오르는 것이 아닙니다.
그들은 셰르파의 도움을 받는 경우가 많고
셰르파와 같이 정상에 서는 경우도 많습니다.

그런데 세상은 산악인만을 기억합니다.
등산에 관련된 스포트라이트도 당연히 산악인의 몫이지요.
목숨을 건 등반에 성공한 것은 셰르파도 같지만
그들을 기억하는 사람은 아무도 없습니다.

왜일까요?
그건 처음부터 기획하고 준비한 모습의 차이와
돈을 주고 고용한 이유가 있기 때문이지요.
몇 배는 무거운 짐을 지고 평생 수십 번의 산행을 통해
목숨이 위태로운 순간을 견디며 등산가를 도왔다고 하더라도
그들의 이름은 어느 곳에도 남아있지 않습니다.

세상의 구석에서 이름 없이 남모르게 일하는 사람들이 많습니다.
화려한 액션과 작품성 있는 영화 속에서도
주인공의 대역을 맡아 목숨 건 액션을 소화하는 스턴트맨들이 있고
얼굴 없이 신체의 부분이나 기능을 제공하는 사람들도 있습니다.

전쟁에서 이기는 것은 위대한 장군일지 모르지만

그 승리는 가져오는 것은 무명의 용사입니다.
스포츠 제전에서 영광은 금메달을 딴 선수의 몫이지만
그 과정 속에는 감독과 코치, 지도자의 땀과 눈물이 있었다는 것도
함께 기억할 수 있어야 합니다.

어쩌면 이 땅에서 교사로 살아간다는 것도
무명용사나 셰르파와 같은 길인지도 모릅니다.
성공과 환희는 제자들의 몫이니까요.

 동전의 양면

인간을 공부하는 것이 인간학이라고 합니다.
인간학은 경우에 따라 달라지는 결과 때문에 어려움에 봉착할 때가
많습니다.

실제로 길거리에서 펀치 기계를 치는 일련의 행동이
카타르시스를 유발해 공격 행동을 감소시킨다는 이론과
학습효과를 가져와서 공격 행동을 증가시킨다는 이론이
서로 양립되고 있습니다.

태백에 근무할 때 문제 학생들을 모아서 아버지가 근무하는 탄광에 견학시킨 일이 있습니다.
부모의 고생을 체험함으로써 사고를 전환시키려는 노력의 일환이었지요.
그들이 세 시간 동안 막장을 경험하고 나서의 반응이 제각각입니다.
자신들을 위해 고생한 아버지의 노고 앞에서 눈물을 흘리는 학생도 있었지만
육두문자를 내뱉으며 "쓰벌! 왜 우리만 이렇게 고생스럽게 살아야 하냐?"라고 항변하는 학생도 있었습니다.

우월감을 지니고 있는 것처럼 보이는 사람들도
실제로는 열등감 때문에 괴로워하는 경우가 많습니다.
그들의 우월감은 자신이 가지고 있는 열등감이나 불안한 감정을 감추기 위한 허구적 은폐물인 경우가 많습니다.

대부분의 사람들은 자기가 처한 환경과 반대로 행동하는 경우가 많지요.
가난한 사람은 돈이 많아 보이기 위하여 허세를 부리기도 합니다.
실제로 식당에서 음식값을 지불하려고
전투적으로 계산대를 점령하는 사람들 중에는
수입이 적은 사람이 더 적극적일 때가 많다는 것이지요.

별로 잘나지 못한 사람일수록 잘난 척을 하게 마련입니다.
내면의 부족함을 주변을 이끌어서라도 채우려고 하는 잠재된
욕구가 있기 때문이지요.

이러한 일련의 행동을 심리학에서는 '반동형성'이라고 표현합니다.

우리는 한쪽 면만을 보기가 쉽습니다.
나의 입장이 너무 절절해서 남의 입장을 헤아리지 못하는 경우도 많지요.
하지만 동전엔 양면이 있듯이
다른 쪽도 돌아보는 반성적 사고가 필요합니다.

햇빛과 그림자는 빛과 어둠 같아서 서로 양립할 수 없지만
어쩌면 그 한쪽이 반대편의 완성을 가져다줄 수도 있습니다.

어쩌면 인간은 각각 해석한 만큼의 생을 살아가게 마련입니다.
우리에게 필요한 것은 외모를 고치는 외과적 성형수술이 아니라
마음을 고치는 정신적 성형수술이 필요한 것은 아닐까요?

 건물의 격

건물에도 계급과 서열이 있습니다.
우리가 큰 의미 없이 불러왔던 것들 속에도
다 의미가 들어있는 것이지요.

건물 중에서 가장 높은 건물은 전(殿)입니다.
왕이나 왕비가 공식적인 활동을 하는 집이지요.
근정전이나 인정전 교태전 등이 그런 예입니다.
그 집에 사는 사람을 '전하'라고 부른 이유기도 하지요.

그 아래는 당(堂)입니다.
왕과 왕비를 포함하여 고관대작만이 살 수 있는 집입니다.
조선조에 당상관과 당하관을 가르는 것은 정3품 벼슬입니다.

그 아래가 합(閤)과 각(閣)입니다.
그들은 부속건물일 수도 있고, 독립건물일 수도 있습니다.
'합하'니 '각하'니 하는 호칭도 사는 건물과 관련이 있지요.
일본 놈들이 폐하를 전하로, 합하로, 각하로 격하시켰는데,
오늘날 대통령을 각하로 부르는 것은 삼가야 할 일입니다.

그리고 주거용의 재(齋)와 대청마루가 넓은 헌(軒),
경치가 좋은 곳에 지은 정(亭)도 있습니다.

누(樓)와 각(閣)도 있어요.
건물이 2층일 경우에는 1층은 누란 표현을 쓰고, 2층은 각이라는 표현을 씁니다.
창덕궁의 규장각 건물이 2층인데 1층은 주합루이고 2층이 규장각입니다.
서울에 보신각이 있지요. 2층 건물인데 이름은 보신각 하나입니다.

그런데 원래는 1층이 종루이고 2층이 보신각이었습니다.
바로잡았으면 하는 호칭이지요.

요즘엔 아파트가 대세이고
이름도 국적불명으로 길게 사용하는 경우가 많습니다.
이름을 잘 짓고 그 의미 속에서 여유로워지는 것도
참으로 좋은 일일 텐데 말입니다.

유난히 방 문화가 발달한 우리나라입니다.
노래방 피씨방 만화방 머리방 안마방 전화방 빨래방 소주방 찜질방
휴게방 보도방 키스방 허그방 비디오방….
하지만 송설산방이나 다래골산방처럼 우아한 방도 있습니다.
어떻게 부르는가에 따라 철학이 달라지고 인생이 바뀌게 됩니다.

 산사 이야기

절은 포교당과 달리 산 속에 자리하는 경우가 많습니다.
그 이유는 풍수지리에서 찾기도 하지만
조선조 숭유억불 정책의 결과로 산속으로 숨어들어간 까닭이 큽니다.

절의 입구에 다다르면 일주문(一柱門)을 만나게 됩니다.
일주(一柱)란 기둥이 하나라는 뜻이랍니다.
실제로 기둥이 하나가 아니라 한 줄로 되어 있지요.
대개는 배흘림기둥에 다포계 맞배지붕 형식을 취하고 있습니다.
문에는 사찰을 알리는 현판이 걸려 있지요.

이 문은 경계를 나타내는 이외에도
일심(一心)을 상징하기도 하고 속계와 선계의 구분을 의미하기도 합니다.
이 일주문에는 입차문래 막존지해(入此門來 莫存知解)라는
구절이 적혀 있는 경우가 많습니다.
"이 문 안으로 들어오면 보고 듣는 모든 것을
세속의 눈으로 해석하지 말라."는 뜻이랍니다.

우린 자신의 생각이라는 프리즘을 통해 세상을 바라보고
평가하는 습관이 있습니다.
그러한 마음을 잠재우고 새롭게 눈을 뜨라는 의미를 담고 있지요.

일주문을 지나면 사천왕상을 만나게 됩니다.
아주 무섭게 생긴 형태의 상은 동, 서, 남, 북의 악귀를
제압한다는 목적이 있습니다.
즉, 중생이 이 문을 통과함으로서 모든 잡귀가 제거된다고 믿는 것이지요.

사천왕상을 지나면 마지막 관문인 불이문(不二門)을 만나게 됩니다.

불이문을 해탈문(解脫門)이라고도 부릅니다.
태어남과 죽음, 나와 너, 열반과 번뇌가 둘이 아니라는 것을 깨달은 해탈의 경지라는 것이지요.

대부분의 불이문은 이층으로 지어져 있고, 위층은 누각으로 아래층은 사람이 드나드는 문으로 지어져 있습니다.
즉, 건물 아래를 지나 법당에 이르는 구조이지요.

이런 구조는 시각적 효과에 기인합니다.
불이문을 지나면 사찰의 최종 목적지인 불당이 나옵니다.
불당을 장엄하게 느낄 수 있도록 누각으로 조성하여 놓았으며 불당으로 가기 위한 통로는 좁게 만들었습니다.

그 이유는 밝은 빛을 통제하고,
계단을 오르면서 조금씩 불전을 보여주다가,
마지막 계단을 올랐을 때 밝은 빛이 한꺼번에 쏟아지듯
불국토를 전체적으로 볼 수 있게 만들어 놓은 것이지요.

불자가 아닌 제가 이렇게 절 이야기를 주저리주저리 늘어놓는 이유는 배경지식이 있으면 산에 가는 즐거움이 배가되기 때문입니다.

장왕과 오기

중국의 춘추시대 오나라의 장왕(莊王)의 이야기입니다.
장왕은 따뜻한 인간미가 있던 군주였습니다.
승전 축하 연회 도중에 불을 끄는 의식이 있었지요.
깜깜해지자 술 취한 신하가 그만 장왕의 애첩에게 격렬한 키스를 했습니다.
자존심 상한 애첩은 신하의 갓끈을 떼어내어 증거품으로 삼고
얼른 장왕에게 이 무례한 행위를 알렸습니다.

이 무례한 신하를 잡아 극형에 처하라고 애원했지요.
그러자 장왕은 신하들에게
"불을 켜지 말라! 그리고 갓끈을 모두 떼어버려라!"라고 명합니다.

신하를 살려주고 싶은 마음의 발로였지요.
애첩이야 다시 얻으면 되지만 유능한 신하를 잃는 것은
나라에 큰 손해라고 여긴 장왕의 큰 그릇이 빚은 작품입니다.
후에 그 신하는 장왕이 위기에 몰렸을 때
단신으로 적군을 막아내 큰 공을 세우게 됩니다.

중국 위나라 때의 오기의 일화도 있지요.
오자병법을 남긴 오기는 76차례의 전쟁에서 패한 적이 없는
문무를 고루 갖춘 장수였습니다.

장수 오기는 언제나 지위가 낮은 병사와
똑같은 옷을 입고 똑같은 음식을 먹었습니다.
잘 때도 자리를 깔지 않았으며 행군할 때도 마차에 타지 않았다고 하지요.

어느 날, 병사 한 명이 종기 때문에 괴로워하자
오기는 종기 고름을 자신의 입으로 빨아냈습니다.
소식을 들은 병사의 어머니가 슬프게 통곡합니다.

어떤 사람이 이를 괴이하게 여겨 물었습니다.
"당신의 아들은 일개 병사가 아니오?
장군이 직접 고름을 빨아주었다는데 어찌 슬피 우십니까?"
"예전에 오 장군께서 그 애 아버지의 종기 고름을 빨아주셨는데,
그분이 위기에 처했을 때
그분을 구하시려고 싸우시다가 적의 칼에 돌아가셨습니다.
이제 내 아들도 그분을 위해 싸우다가 죽을 터인데
어찌 눈물이 나지 않겠습니까?"

결국 그 아들은 전장에서 오기 장군이 위기에 처하자
그를 구하려고 용감히 싸우다가 전사하게 됩니다.

지식사회를 이끌어가는 핵심은 사람입니다.
그만큼 인적자원이 중요하다는 이야기지요.
요즘 경영의 화두는 인간경영, 신뢰경영입니다.

사람의 마음은 잃기는 쉬워도 얻기는 어려운 법입니다.
그것을 굳이 한자로 표현하자면 인심난득(人心難得)이 되지요.

 역발상의 지혜

캐나다의 총리였던 '장 크레티앵'은 어릴 때의 병으로
왼쪽 안면 마비증의 장애가 있었습니다.
한쪽 귀가 잘 들리지 않았고 말도 더듬었지요.
총리 후보 시절 정적들은 장애인을 총리에 앉히는 것은
캐나다의 망신이라고 그를 비난했습니다.

그러자 그는 이렇게 말합니다.
"저는 보시다시피 말을 잘 못합니다. 그래서 거짓말도 하지 못합니다."
유권자들은 오히려 그를 신뢰하게 되었고, 그 후 3번이나 총리를 하게 됩니다.
자신의 약점을 강점으로 바꾼 훌륭한 역발상의 사례이지요.

높이뛰기에서 배면 뛰기의 원조인 미국의 딕 포스베리도
남들이 다 엎드린 자세로 바를 넘을 때

누운 자세로 보다 높은 바를 넘는 역발상의 모습을 보여주었습니다.

바나나우유 업계를 긴장하게 한 “바나나는 원래 하얗다.”는 제품도
바나나는 껍질은 노랗지만 속은 하얀 것을 강조하며
착색제를 넣지 않았다는 웰빙을 무기로 성공한 사례이지요.

사람에게는 강점과 약점이 공존합니다.
최선은 약점을 강점으로 바꾸는 것이며
차선은 약점을 인정하고 강점을 살리는 것이며
최악은 약점을 극복하기 위해 애쓰다 자신의 강점을 놓치는 것입니다.

물론과 당연에 시비를 걸며 역발상을 시도해볼 필요가 있습니다.
그것이 새로운 시각과 관점을 가지게 하기 때문이지요.

기도하면서 담배를 피우면 나쁜 일이지만
담배 피우면서 기도하는 것은 좋은 일이니 말입니다.

희망의 빛

어두울수록 잘 보이는 것이 있습니다.
그것은 빛이지요.
어쩌면 빛은 희망의 다른 이름입니다.

하지만 희망은 대가 없이 아무에게나 주어지는 것이 아닙니다.
미래에 대한 꿈이 있어야 하고 현실을 인내할 수 있어야 합니다.
그런 사람만이 희망을 향유할 수 있지요.

내가 굽는 것은 희망이고 파는 것은 행복입니다.
(이영철, 해냄출판사, 2005년)

이 책엔 주인공이 초등학교 4학년 중퇴의 학력을 가지고 떡볶이 장사로 시작하여 고려대 앞에서 과일 장사를 하며 매년
고려대에 2,000만원씩
장학금을 내놓는 독지가로 성장하기까지의 과정이 그려져 있지요.

이 책에는 멋진 문구가 들어있거나
특이할 만한 성공 노하우가 들어있지 않습니다.
글은 비록 투박하지만 있는 그대로의 모습을 담고 있기에
더 정감 어린 감동으로 다가오는 책이지요.

그는 돈이 많아 매년 거금을 기부한 것이 아닙니다.

자기처럼 돈이 없어 공부를 못 하는 학생이 있어서는 안 된다는
절실한 마음에 기부를 결정한 것이지요.
고생스런 삶의 연속이지만 그는 늘 행복해합니다.
그 행복의 이유가 책 속에 녹아있답니다.

그의 성공 소식을 듣고 무작정 찾아와
가맹점을 내달라고 조르는 사람에게 그는 이렇게 말하지요.
"하루에 15시간을 웃으며 일할 수 있는 자신이 있습니까?"

하루 중 가장 어두울 때가 해뜨기 직전이라 합니다.
밤이 어두울수록 새벽이 가깝다는 말씀이지요.
앞이 안 보인다고 원망할 것이 아니라
조그만 촛불이라도 켜는 노력을 해야 합니다.

우린
진리를 삶으로 말할 수 있어야 하고
절망의 끝에서 길어 올린 희망을 노래할 수 있어야 합니다.

노숙자론

요즘 우리나라에는 노숙자라고 불리는 사람들이 많습니다.
일정한 주거지와 직업 없이 떠도는 사람으로
홈리스(Homeless)여서 길이나 공원에서 한뎃잠을 자는 사람들을 말합니다.

노숙자는 표현이 좋아 그렇지 사실은 현대판 거지입니다.
사실 우리나라는 거지가 생기기 어려운 나라랍니다.
경제적으로 대국일뿐더러 월급도 높은 나라로 분류되기 때문입니다.

만약에 장애가 있어 어려움이 있으면
국가에서 최소한의 생계비가 지원됩니다.
적어도 일할 수 없는 상황 때문에 거지로 몰리는 경우는 없다고 봐야지요.

"게으름은 거지의 열쇠이다."라는 말씀이 있습니다.
어떻게 보면 노숙자는 폼 나는 일만 하려는 그릇된 의식의 발로이고
노력하지 않고 열매만 탐하는 썩은 양심의 결과입니다.
건강한 몸과 건강한 정신을 가졌다면
어떤 상황 속에서도 자기 밥벌이는 할 수 있는 나라가 대한민국입니다.
길거리에는 노숙자가 넘쳐나도 공장에는 구인난이 심한 현실이
이를 뒷받침해주지요.

한때 선거의 이슈가 "무상급식"이었던 적이 있습니다.
다른 말로 표현하면 "공짜로 먹을 것을 준다."는 의미입니다.
누구든지 얻어먹는 생활에 익숙해지면 스스로 일어서는 법을 잊습니다.
공짜를 좋아하는 심리를 길러주면 주는 자에 대한 고마움을 모르고
의타심만 생겨 결국 인생을 망치는 결과를 초래할 수도 있습니다.
포퓰리즘(Populism, 대중 영합주의)의 한 예이기도 하지요.

거지가 가장 싫어하는 색은 '인색'이라고 합니다.
옛말에 거지가 비만이면 구걸을 못 한다는 말도 있지요.

어찌 보면
돈이나 재물이 없다고 가난한 것은 아닙니다.
소유라는 개념보다는 "어떤 존재로 살아갈 것인가?"가 더 중요합니다.
존재론적인 관점에서 보아도 노숙자라는 것은 그리
명예스러운 것은 아닐 것입니다.

남에게 의지하지 않고 스스로 서는 것!
아이들에게 심어줘야 할 가장 큰 덕목 중의 하나입니다.

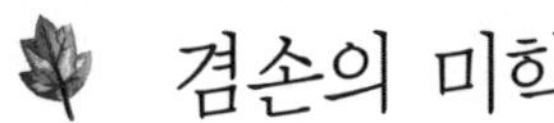

겸손의 미학

관포지교로 유명한 관중이 병에 걸렸습니다.
제나라 환공이 문병차 들러 묻습니다.
"만약 그대가 일어나지 못하면 누구에게 정사를 맡기면 좋겠는가?"

"왕께선 누구를 생각하고 계십니까?"
"자네의 친구인 포숙이네."

"안됩니다.
그는 착하기는 하지만 자기만 못한 사람과 친하지 못하고
남의 과실을 들으면 잊지 못하는 버릇이 있습니다."
"그렇다면 누가 좋은가?"

"습붕이 좋을 것입니다.
그는 진리를 알려 하고 낮은 사람에게서도 겸허하게 배우려 합니다.
성인만 못한 것을 부끄러워하고 자기만 못한 사람을 가엽게 여기지 않으며
현명하지만 겸손한 사람입니다."

자신을 믿어주고 천거해준 포숙을 버리고 습붕을 선택한 관중은
의리 없는 사람일 수도 있지만
멀리 보는 그의 혜안은 눈여겨볼 필요가 있습니다.

겸손은 한자로 謙遜이라고 씁니다.
남을 존중하고 자신을 내세우지 않는 것을 의미하지요.
겸손은 땅입니다.
낮고 밟히고 오염물질을 뒤집어쓰더라도
생명을 잉태하고 키워내며 열매를 맺는 그러한 대지입니다.

저는 성어 중에서 경당문노(耕當問奴)를 좋아합니다.
"밭갈이는 당연히 노비에게 물어라."라는 의미로
아무리 하찮은 사람이라도 업신여기지 말고
전문가적 식견을 존중하라는 의미가 들어있기 때문입니다.

여씨춘추에는 다음과 같은 말씀도 있습니다.
善學者 假人之長以補其短
(선학자 가인지장이보기단)
"잘 배우는 사람은 다른 이의 장점을 취하여 자신의 부족함을
보충하는 사람이다."라는 의미가 있지요.

물이 이로운 것은 하염없이 자신을 낮추어 가는 과정에 있습니다.
겸손은 자신을 낮추고 상대방을 높이는 것입니다.
겸손한 사람이 큰일을 했을 때는 존경이 따르지만
그렇지 않은 사람에게는 시기와 질투가 따르게 마련입니다.

겸손은 모든 미덕의 근본입니다.

배려하기

겨울이 다가옵니다.
한겨울에 눈이 소담스럽게 내린 후
눈 덮인 운동장을 가로질러 학교에 출근할 때가 있습니다.

이때 생각나는 한시 한 구절이 있지요.
답설야중거 불수호란행(踏雪野中去 不須胡亂行)
금일아행적 수작후인정(今日我行跡 遂作後人程)
"눈 쌓인 들판을 어지러이 밟고 가지 말라.
지금 내 가는 자취는 뒷사람의 이정표가 되리니…."

들판에 길을 가는 것은 자유이지만
나의 행동 하나하나가 뒤에 오는 사람에게
영향을 줄 수 있으니 배려심을 가지라는 말씀이지요.

배려는 선택이 아니라 공존의 원칙입니다.
사회도 능력과 경쟁이 아니라 배려로 유지되는 것이지요.
배려만큼 따뜻한 단어도 없을 것입니다.
배려는 사소하지만 위대한 것이기 때문입니다.

배려를 옛사람의 처지에서 생각하면 '경(敬)'입니다.
다른 사람의 입장을 헤아리고 공경하는 것이지요.

언젠가 심승현 님의 『파페포포 레인보우』라는 만화를 본 적이 있습니다.
축구를 하는 남자친구 파페를 위하여
포포는 시원한 사이다를 준비하고 기다립니다.

축구를 마친 파페는 아주 시원하게 사이다를 마시지요.
파페가 알지 못한 사실 중에는
더워질까 봐 몇 번이고 슈퍼마켓에서 시원한 사이다로 바꿔온
포포의 마음입니다.
그 이야기가 마음을 따뜻하게 합니다.

물질문명이 발달할수록 줄어드는 것 중의 하나가 배려입니다.
개인주의가 팽배하여 시야에서 남이 사라진 결과이지요.

배려란 사실 별것 아닙니다.
그리고 어려운 일도 아니지요.
오늘 실천한 아주 작은 배려가
주변을 따뜻하게 하고 인생을 행복하게 합니다.

인내심 배우기

중국 한나라 때 장량(張良)의 이야기입니다.
장량이 젊어서 하비라는 지방에 있는 비교(圯橋)를 지날 때입니다.

우연히 한 노인을 만났는데 신발을 벗어 다리 아래로 던지고는
"얘야 가서 내 신발을 가져오너라!"라고 말합니다.
장량은 조금도 머뭇거리지 않고 다리 아래로 내려가 신발을 가져와서는
공손하게 노인에게 바칩니다.

노인은 발을 내밀고는 장량에게 대신 신겨달라고 하지요.
장량이 공손하게 신을 신겨주자 노인이 웃으면서
"젊은 녀석이 가르칠 만하구나! 내가 가르칠 것이 있으니
내일 또 이곳에 오너라."라고 말합니다.

다음 날 장량이 여명에 그곳에 도착해보니 노인이 이미 와 있었습니다.
노인은 "네가 나보다 늦게 나오다니 도(道)를 전할 수 없겠다."라고 말합니다.
이런 과정을 세 번 거친 후에 드디어 장량이 먼저 도착하게 되지요.

노인은 만족스러워 책을 주면서 말합니다.
"이 책을 읽으면 제왕의 스승이 될 수 있다."
장량이 이 책을 읽은 후 지혜가 아주 밝아졌고

변화무쌍한 형세에 잘 대응해 각종 국면을 잘 처리할 수 있었다고 합니다.

천 년 뒤 소동파는 「유후론」에서 장량의 인내심을 높이 평가하며
“군자는 남이 참지 못하는 것을 참고, 남이 용서하지 못하는 것을 용서한다.
남이 견디지 못하는 것을 견뎌야 남이 하지 못하는 것을 할 수 있다.”
라고 말했습니다.

바다 풍경 속에서 쏨뱅이가 물고기를 잡는 장면을 봅니다.
마치 바위처럼, 배경처럼 움직이지 않고 끈질기게 기다린 후에
물고기가 지나가면 쏜살같이 잡아챕니다.
쏨뱅이는 인내심의 대가인 셈이지요.

물고기만 그러한 것이 아닙니다.
배고픈 고양이는 종일 쥐구멍 앞을 지키고
왜가리는 물가에서 미동도 않고 몇 시간을 발밑을 관찰하고
살모사는 똬리 틀고 일주일을 기다리며
거미 또한 그물을 치고 언제까지나 먹이가 걸려들기를 기다립니다.

요즘 아이들이 가장 부족한 모습이 인내심입니다.
빠른 인터넷 덕분에 조금만 느려도 기다림을 인내하지 못하고
성급하게 생각하며, 가슴을 거치지 않은 말들을 속사포처럼 쏟아내기도 합니다.

학교에서도 소중한 것이 무엇인지, 행복은 어떤 것인지
바르게 산다는 것의 의미는 무엇인지, 가르치려 하지 않습니다.
단지 100점만 받으면 모든 것이 용서되는 사회
과정보다는 결과로 평가받는 사회
판에 박힌 정답만 달달 외는 사회에서 벗어나려는 시도가 없습니다.

아이들이 마음의 절름발이가 되지 않게 하려면
깊게 생각하고 자연과 더불어 사람을 사랑할 수 있어야 하고
오랜 기다림 속에서 얻어지는 열매의 단맛을 알 수 있어야 합니다.

누군가가 해 주겠지가 아닙니다.
지금 내가 있는 위치에서 반드시 해야 할 교육의 가장 큰 명제가 아닐는지요.

 칸나와 다알리아

가끔 저녁에 잠자리에 들면
고향의 시골집이 눈에 밟힙니다.

요즘처럼 산을 깎고, 밀고, 허물어 지은 집이 아니라

자연이 생긴 모습 그대로 지은 집이지요.
그리 멋스럽지도 않고, 견고하다고 할 수도 없는
고단한 삶이 녹아있는 아주 평범한 시골집이었습니다.

그래도 석축을 쌓아 만든 대여섯 평의 마당이 있어
마당 끝에 싸릿대로 울타리를 만들고
어머니는 해마다 칸나와 다알리아를 심으셨습니다.

멕시코가 원산지인 다알리아와
서인도제도가 원산인 칸나가 어떤 경로로 우리 집 뜨락까지
오게 되었는가 하는 것은 알 길이 없으나
해마다 이맘때면 고구마처럼 생긴 뿌리를
조심스럽게 캐어 건넌방에 보관하던 모습이 눈에 선합니다.

우리나라 꽃들도 많은데….
유독 칸나와 다알리아 사랑이 유난했던 어머니는
그 꽃이 지닌 아름다움보다도
개화된 서양 지향성의 식물이기에
시골의 한 귀퉁이 마당에 심음으로써 마음의 위안으로 삼았는지도
모릅니다.
나폴레옹의 황후인 조세핀이 좋아하던 꽃이 다알리아고
그 꽃말은 정열과 화려함입니다.
그리고 칸나의 꽃말도 화려함이지요.
어머니가 꽃말을 아실 수는 없었을 터인데….

묘한 일치가 새삼스럽습니다.

고된 시골살이에 여인으로서의 삶이 없으셨고
화려함과는 거리가 멀었던 삶이기에
그 보상심리가 꽃으로 피어났을지도 모를 일입니다.

누군들 고난이 없었을까마는
부모님의 고생을 파먹고 자란 아이가
이제 반백의 중년이 되었습니다.

올봄에 지병을 이기지 못하고 소천하신
어머님이 가끔 사무치게 그리울 때가 있습니다.
때늦은 후회란 말이 또 이토록 시린 말인지 몰랐습니다.

지금 할 수 있을 때가 정말 소중한 시간이라는 것을
항상 인지하고 살았더라면 얼마나 좋았을까요??

땡볕에선 낙타

우리나라엔 사막이 없습니다.
사막의 풍경을 동경하는 사람들에겐 미안한 일이지만
쓸모없는 땅이 없다는 것은 축복인 셈이지요.

사막에서 가장 훌륭한 운송 수단은 낙타입니다.
낙타는 그늘 하나 없는 땡볕에 서면
등을 돌리는 것이 아니라 해를 마주 본다고 합니다.
해를 등지면 오히려 몸통의 넓은 부위가 노출되어 더워지지만
마주 보면 얼굴은 뜨거워지더라도 몸통 부위에 그늘을 만들어
오히려 견디기가 쉽기 때문이라고 하지요.

이는 도전의 문제입니다.
호랑이 새끼를 잡으려면 호랑이 굴로 들어가야 합니다.
어쩌면 반쯤 정신 나간 인간으로 볼 수도 있겠으나
회피만으로는 좋은 결과를 얻어낼 수 없습니다.

위기나 고비는 언제나 우리 앞에 있습니다.
위기는 기회일 수 있습니다.
만약에 위기가 없었다면 인류의 발전을 기대할 수 없었을지 모릅니다.

생활의 달인이라는 프로를 자주 봅니다.

그 프로의 목적은
특이한 재주꾼을 보여주는 삶의 일말이 아니라
지극히 평범하고 하찮은 일일지라도
자기가 하는 일에 재미를 갖고
최고가 되려고 노력하는 모습의 아름다움에 있습니다.

제 일에 정면으로 승부하지 않았다면 그런 결과를 얻을 수 없었겠지요.
얼마나 오랫동안 일을 했느냐는 중요하지 않습니다.
어떤 사람으로 성장했느냐가 중요한 것이지요.

승부하지 않고 도망가는 것보다,
완패당하고 녹다운당하는 쪽이 정신건강에 이로울 수도 있습니다.

그것이 땡볕을 마주한 낙타에게서 배울 수 있는 큰 교훈이지요.

 새는 양쪽 날개로 납니다

수레는 한 바퀴로는 갈 수 없으며
새는 한쪽 날개로는 날 수 없습니다.

날개는 한자로 翼이라고 씁니다.
조금 분석해 보면 羽(깃 우)와 異(다를 이)란 글자의 합성으로 이루어진 글자임을 알 수 있습니다.
그리고 깃 우(羽) 자는 날개가 하나가 아니고 두 개이지요.
즉, 다른 날개가 하나씩 존재한다는 뜻이 됩니다.
왼쪽과 오른쪽의 날개가 서로 다르다는 이야기지요.

세상의 모습은 서로 다른 경우가 많습니다.
이기심과 이타심, 자유와 평등, 자본주의와 사회주의, 시장과 정부, 자유방임주의와 개입주의, 진보와 보수, 자본가와 노동자 등이 모두 그러하지요.

어느 한쪽에 치우치는 생각은 옳지 않습니다.
한쪽 날개로만 날려고 하면 절대 날아오를 수 없습니다.
단지 제자리만 빙빙 돌 수 있을 뿐이지요.
자기와 입장과 처신이 다르다고 해서 '틀리다'는 표현을 쓰면 안 됩니다.
그건 '다른 것'이지요.
차이를 인식하고 인정할 때 이해와 통합의 진정성이 생길 수 있습니다.

학습(學習)의 습(習)자도 그렇습니다.
배우고 익힌다는 의미이지만
사실 익힌다는 의미를 달리 볼 필요가 있습니다.
습(習)은 羽와 白의 합성어지요.
즉, 하얀 새의 날갯짓을 의미합니다.

바꾸어 말하면 실천을 뜻하는 것이지요.

따라서 학습은 배운 것을 실천할 때 완성되는 개념으로 보아야 합니다.
아는 것과 행동하는 것의 괴리가 커서 슬픈 세상입니다.
요즘 정치의 가장 큰 특징은 말로 하는 정치인 것 같습니다.
행동이 수반되는 사회, 진리가 앞서는 사회
사람의 가치가 진정 존중되는 사회를 꿈꾸어봅니다.

學은 習할 때 의미가 있습니다.

 벽과 담쟁이

아들놈이 다니는 대학 건물 중에
담쟁이가 성장을 이뤄 온통 파란색 건물이 있습니다.
건물 자체도 아주 오랜 세월 성장한 담쟁이처럼
고풍스러운 모습을 하고 있습니다.

도저히 성장할 수 없을 것 같은 수직의 담벼락과
오랜 세월을 마주하여 살아온 담쟁이가 참으로 멋스러워 보입니다.
벽은 단절을 의미하지만 담쟁이는 묵묵히 벽을 오릅니다.

어느 순간에도 벽을 원망하는 모습은 없지요.

시간의 날실로 뿌리를 엮고
넝쿨 줄기를 뻗어 무성한 잎을 키워내는 모습은
차라리 감동입니다.

척박한 벽에 의지하여 살아가는 담쟁이를 보면서
우리가 가진 것이 없다고 해도
한 떨기 꽃을 피워내지 못할 이유가 없다는 생각이 들었습니다.

욕 권하는 사회

지록위마(指鹿爲馬)란 성어를 잘 알고 있을 겁니다.
간신 조고가 왕에게 사슴을 바치며 말이라고 했다는 고사지요.
물론 조고를 무서워하는 신하들은 진실을 말할 수 없었습니다.
여러 군중이 모의를 하면 한 사람을 바보 만드는 것이
얼마나 쉬운 일인지를 엿볼 수 있는 고사입니다.

그런데 그 고사를 줄여 놓으면 마록(馬鹿)이 되고
이 馬鹿를 일본말로 읽으면 '빠가'가 됩니다.

말과 사슴을 구별하지 못한다는 이 말엔
"상대를 우롱하거나 모멸을 주는 행위"란 의미가 있습니다.

섬나라 일본은 욕이 발달하여 있지 않습니다.
그 이유는 화(和) 사상에서 찾기도 하지요.
즉, 남에게 손해를 끼치는 행위를 극도로 자제하는 사회적 분위기에 기인합니다.

가장 심한 욕이 '이누치쿠쇼=짐승 같은 놈'이란 표현이고
일반화된 것이 '빠가야로우=바보 자식'이니
그들의 욕 문화의 일천함을 엿볼 수 있습니다.

그에 비하여 대륙계의 기질을 이어받은 우리나라의 욕은
너무나 풍부하고 다양해서 그 욕을 가지고도 박사학위를
받을 수 있을 정도로 양과 질에서 탁월함을 보입니다.
일본 욕은 너무 애교스러워 감히 욕 문화에 끼어들 엄두도 못 내지요.
아이들 언어생활을 점령해버린 욕의 문화가 심히 걱정됩니다.
요즘의 욕은 우리가 알고 지냈던 욕이 아닙니다.
문제는 남에게 화를 내거나 감정을 표출하는 데 사용되던 욕이
아주 정상적인 상황에서도 일상화된 언어로 표출되고 있다는 점이지요.

기존 욕에 식상한 청소년들은 꾸준히 새로운 욕을 창출하고 있으며
소셜 미디어를 통해 빠르고 넓게 전파하고 있습니다.
욕은 발신과 수신에서 끝나는 의사전달이 아니라

불신과 분노를 일으키고 폭력을 동반하기도 하기 때문에
반 인격적인 언어라고 규정할 수 있습니다.

요즘 욕을 상용하는 아이들에게 각성 차원으로 생활기록부에
상황을 등재하는 방안이 모색되고 있으나
그 성공 여부는 장담하기 어렵습니다.

우리 청소년이 욕에 빠져 허우적거리는 모습을
더 이상 간과해서는 안 됩니다.
언론매체나 영화를 통해 욕의 카타르시스를 보여줌으로써
욕을 권하는 사회가 되어서는 더더욱 안 될 것입니다.

 세상 학교

우리가 근대 교육기관을 갖기 시작한 것이 겨우 100여 년 전의 일입니다.
교육을 전문으로 가르치는 기관이 생기다 보니
으레 교육은 교육기관에서만 하는 것으로 잘못 인식되어
가정교육이나 사회교육 등 세상 모든 것으로부터 배운다는
열린 자세의 실종이라는 결과를 초래하게 되었습니다.
아메리카 인디언에게는 '생태'라는 단어가 없다고 합니다.

그들 삶의 방식 자체가 생태이고, 살아가는 모습이며
온 세상 자체가 삶과 교육이 아우러져 있기 때문입니다.

아무리 훌륭한 교육철학이 존재하고,
지식으로 넘치는 교사가 있다고 하더라도
자연이 주는 위대한 가르침에 비할 것이 못됩니다.
교육이란 머리에서 머리로 옮겨지는 것이 아니라
가슴과 가슴으로 이어지는 것이며
그런 따뜻한 인성이 있을 때 사회가 아름답기 때문입니다.

요란하게 떠벌리고 늘어놓고 시끄럽게 교육할 것이 아니라
사색의 깊이를 통한 침묵의 가치를 내면화시켜 주는 것이 바람직합니다.
지나친 예절의 허울을 벗어 던지고 과장된 교양을 버려야 합니다.
진솔한 삶은 그런 껍데기에 존재하는 것이 아니기 때문입니다.

정규 교육이 국민 개학(皆學)의 시대를 열었다면
이제는 그 교육 속에서 인간을 찾을 수 있도록 힘써야 합니다.
웃어른을 존경하라고 교육하는 천 마디의 말보다
윗사람에게 사랑받고 있다는 느낌 하나가 더 중요합니다.

인디언 속담 하나를 마지막으로 메일을 접습니다.
"한 아이를 기르기 위해선 온 마을의 정성이 필요하다."는 말씀이지요.
세상의 가르침이 학교에만 있는 것은 아닐 것이고
아이들의 배움도 학교에만 있는 것이 아니기 때문입니다.

불언장단

어느 날 정승 황희가 말 타고 시골 길을 가고 있었습니다.
밭에선 농부가 소 두 마리로 밭을 갈고 있었지요.
황희가 묻습니다.
"여보시오. 그 두 마리 소 중에서 어떤 소가 더 힘이 셉니까?"

그러자 농부는 밭 가로 나와 황희의 귀에 대고 속삭입니다.
"실은 이쪽 소가 힘이 더 셉니다."
놀란 황희가 되묻지요.
"그런데 노인장은 듣는 사람도 없는데 왜 귓속말을 하십니까?"

그러자 노인은 조용히 말합니다.
"아무리 말 못하는 짐승이라도 좋지 않은 말을 들으면
어찌 불평이 없겠습니까?"

불언장단(不言長短: 남의 장·단점을 말하지 않음)의 성어가
탄생한 일화랍니다.

입보다 귀를 상석에 앉혀야 합니다.
유사 이래로 세 치 혀 때문에 망한 사람은 있어도
귀 때문에 망한 사람은 없기 때문입니다.

돌아오지 않는 네 가지가 있습니다.
그것은 입 밖으로 나간 말이 그렇고 쏘아버린 화살이 그러하며
흘러간 세월이 그렇고 놓친 기회가 그러합니다.

내 입술의 말 때문에 상처받는 사람이 없도록 해야 합니다.
거짓말, 상심의 말, 유혹의 말, 거친 말은
인생을 어둡고 메마르게 하지만
진실한 말, 긍정적인 말, 감사의 말, 소망의 말은
인생을 푸르고 촉촉하게 합니다.

인간 세상에서 일어나는 대부분의 불화는
소통의 부재에서 오는 경우가 많습니다.
특히 가까운 사람일수록 말조심과 글조심을 할 필요가 있는 것이지요.

차라리 침묵은 대화의 위대한 기술입니다.
즐겁게 오래 살고 싶으면 코로 숨을 쉬고 입을 다물어야 합니다.
동네에서 흔히 볼 수 있는 개가 그처럼 친구를 많이 가진 것은
꼬리만 흔들지 혀를 굴리지 않기 때문입니다.

땅은 언제부터 개인소유였을까?

불행하게도 저는 땅을 한 평도 갖고 있지 않습니다.
엄밀하게 말하면 지구상에 인간이 만든 기술의 잣대로
마음대로 금을 그어 놓은 선 안의 땅에 대한
종이로 만들어진 소유 문서를 갖고 있지 않다는 뜻이지요.

인류의 조상들의 조상들, 그 조상들의 조상들이 대대손손 내려오면서
나고 자라고 땀 흘리던 대지가, 땅이
언제부터 개인의 소유가 되었는지….
정말 문서 한 장이면 그 땅이 개인 것이 되는지
가진 것을 향한 인간의 욕심은 끝이 없어 보입니다.

땅 소유의 역사를 보려면 미국의 근대사가 좋습니다.
원래 미국 본토의 주인은 인디언입니다.
그들은 땅에 대한 소유의 개념이 없었습니다.
땅은 신에 베풀어주신 큰 은총인 것뿐이었지요.
하지만 백인들이 문화적 폭력을 앞세워 인디언을 축출하고
총으로 무장해 땅에 목책을 설치하고 소유권을 주장합니다.

중국이 1억을 유지할 때 미국 본토에서 비슷한 인구의 인디언들이
평화롭게 살고 있었다고 합니다.
그러나 신대륙을 발견한 백인들이 우수한 무기를 동원하여

인디언들을 싹쓸이하게 됩니다.
그리고 살아남은 수백만 명의 사람들 또한
그들이 살던 땅을 지키기 위해 백인들과 싸우다 대부분 죽어갔습니다.
결국 20세기 초에는 불과 수십만 명으로 줄어들게 되고
그나마 살아남은 사람들은
백인들이 지정한 보호구역에 갇혀서 배급생활을 해야 했습니다.
말이 보호구역이지 포로수용소와 비슷한 시설에의 격리를 의미하고
많은 여성들은 강제로 불임수술을 당하기도 했습니다.

서부영화엔 인디언들이 폭력적이고 야만적으로 나옵니다.
그런 악의적인 선전이 인디언들에 대한 폭력을 정당화시켰습니다.
그러나 인디언들은 기본적으로 평화를 사랑하는 사람들입니다.
인디언 사회는 여성적이어서
남성성인 경쟁, 권위, 갈등, 대립의 요소보다는
여성성인 협동, 우애, 공존, 화해의 요소가 우세하니까요.

힘은 곧 정의일 수도 있습니다.
불의를 정당화시킬 수도 있고,
추악한 모습을 예쁘게 포장시켜 놓을 수도 있겠지요.

하지만 진실의 힘은
세월 속에서도 그 빛이 바래지 않는다는 위대함이 있습니다.

개인의 땅이 중요한 것이 아니라 더불음의 공존이 중요하고

안으로만 움켜쥐는 것보다 보듬어 안고 함께 가는 것이
훨씬 더 인간을 행복하게 합니다.

 착각은 자유

착각은 자유란 말씀이 있습니다.
착각은 어떤 사실을 사실과 다르게 생각하는 현상을 말하지요.

실험에 의하면 신호 대기 중 녹색 신호에서 앞차가 출발하지 않을 때
그 앞차가 고급 승용차이면 경적을 울리는 데 평균 10초가
경차이면 평균 3초가 걸리는 것으로 조사되었습니다.

이런 현상은 좋은 차를 타면 실제로 그 사람과 상관없이
좋은 사람, 훌륭한 사람일 것이라는 착각에서 기인합니다.
어쩌면 착각은 자기중심적이기 때문에 발생하는 현상입니다.

인간은 착각의 동물입니다.
인간은 왜 착각을 하는 것일까요?
사람은 누구나 자기의 주관적 생각을 객관적이라고 생각하는 경우가
많습니다.

이는 내 생각이 상대방 생각보다 합리적이고 옳은 것이라는 믿음이 은연중에 깔렸기 때문이지요.
그러나 자기 생각이 객관적이라는 것도 자신의 착각일 수 있습니다.

문제는 타인의 착각은 잘 보이는데 나의 착각은 잘 보이지 않는다는 사실이지요.
심리학에서 자기중심적인 사고를 하는 나이는 5세 전후입니다.
따라서 사고의 객관화는 성장하면서 꼭 갖추어야 할 덕목이고
결국엔 어른됨과 철듦의 판단 기준이 됩니다.
인간이 누구나 착각의 존재라는 사실을 알면
타인의 실수와 잘못에 대하여 좀 더 관대해질 수 있습니다.

착각은 경우에 따라 좋은 결과를 만들기도 합니다.
그것을 '긍정의 착각'이라고 부르지요.
잘할 수 있다는 긍정적인 믿음은 잠재력을 일깨워줍니다.
때에 따라서 착각은 '긍정의 선순환'을 만들 수도 있지요.

착각만큼 인간을 행복하게 해 주는 것도 없습니다.
목욕하고 거울 앞에서 자신의 외모가 평균 이상이라고 생각한다든지
조금 친절한 이성이 곧 자신에게 빠질 것으로 생각한다든지
내가 예뻐서 사람들이 나를 쳐다본다고 생각한다든지
유명한 연예인을 닮았다고 생각하는 등.

착각은 행복의 원천입니다.

그리고 그것은 순수한 자유이고
별도의 자금이 들어가지도 않습니다.

저도 이 글을 쓰며 사람들이 재미있게 읽어줄 것이라는
착각 속에서 헤어나지 못하고 있으니 말입니다.

 댓돌 위의 신발

시골집 토방의 방문 앞에는
평평한 댓돌이 놓여있게 마련입니다.
올망졸망한 신발들이 댓돌을 차지하고 놓여있지요.
벗어 놓은 신발을 보면 그 사람의 모습이 보입니다.

뒤란 굴뚝으로 모락모락 연기 나는 저녁이면
가지런히 놓여있는 신발만 보아도
집안에서 풍겨 나오는 행복의 내음이 물씬 풍길 듯합니다.

댓돌은 집안과 바깥의 경계이지요.
댓돌 안은 따뜻한 휴식과 사랑이 존재하는 공간이며,
댓돌 밖은 일과 꿈을 이루는 공간이니 말입니다.

엄격한 집안에서는 아이들의 신발은 댓돌에 오르지 못했습니다.
그리고 신발의 가지런함 정도에 따라서 주인의
성격이 묻어나는 곳도 댓돌이라는 공간이지요.

별 얼고 달 어는 추운 겨울
북풍에 밤새도록 문풍지가 울던 날
댓돌 위에 신을 가져다 아랫목에 묻어두고
학교 길을 따뜻하게 만들어주신 것도 댓돌의 추억입니다.

댓돌은 평생 낮은 곳에서 사람의 발자국을 견디고
세월 속에서 모난 모서리도 둥글게 깎여갑니다.
욕심 없이, 방에 들이지도 못하는 신발을 보듬으며
묵묵히 자리를 지키는 댓돌!
그 성정을 닮고 싶은 아침입니다.

 하트를 만드는 사람

가을, 강원도와 경기도 경계에 놓여있는 남이섬에 가면
낙엽을 쓸어 하트모양으로 만들어 놓은 거리를
쉬 만날 수 있습니다.

초로의 청소하시는 분의 빗자루 끝에서 이루어진 멋진 작품이지요.
쓸모없이 태워져 버릴 운명이었던 낙엽이
젊은이들의 추억과 낭만 속으로 들어올 수 있었던 것은
창조적인 마인드로 작은 일이지만 즐거움으로 일하는
그분의 노력이 있었기 때문입니다.

초창기 남이섬은 소주병과 쓰레기로 몸살을 앓았습니다.
그 너저분한 소주병을 모아 정원을 만들고
'이슬정원'이라고 명명했지요.
이름이 참 시적이고 아름답지요?
그런데 그중 절반은 '참이슬' 술병으로 만들어졌다는 사실….

쓰레기장에서 여행명소로 탈바꿈 하는 데 있어서
가장 중요한 것은 생각의 전환입니다.

그림자만 보고 있으면 태양을 볼 수 없습니다.
먹구름이 끼었다면 구름 위에 태양이 있다는 사실도 알아야 하고
불쾌지수가 80%라면 상쾌지수는 20%라는 사실도 기억해야 합니다.

생각을 바꾸고
고정관념을 깨는 데는 아픔이 동반하지 않습니다.
주변의 여건이 바뀌었다고 느끼는 것은
어쩌면 자기 자신의 생각이 바뀌었기 때문인지 모릅니다.

남이 알아주지 않아도
청소부라는 직업이 자랑스럽지는 않아도
하트를 만드는 사람은 참으로 행복한 사람일 것이란 생각이 듭니다.

 겨울 이야기

잎 진 가로수가 겨울빛 휘파람을 불고
단풍을 보낸 자리에 갈색 내음이 짙어가는 계절
이름 없는 거리에 낙엽으로 뒹굴더라도
지나간 세월의 추억 언저리에 남아있는
삶의 모습이 행복으로 접혀있기에
겨울은 또한 견딜만합니다.

황홀했던 단풍의 계절이 지났습니다.
그 잎들은 미련 없이 떨어져 다시 거름이 됩니다.
훗날 거름이 또다시 줄기를 이루고 잎을 이룰지도 모를 일이지요.

올겨울엔 눈이 많이 내릴 것이라 합니다.
만약에 활엽수가 그 많은 잎을 달고 겨울을 난다면
눈의 무게를 이기지 못해 성한 나무가 하나도 없을 것입니다.

덜어내는 것이 사실은 삶을 이어가게 하는 근간이 되는 것이지요.

요즘은 눈이 내리면 상당히 언짢아합니다.
눈 속에서 즐거운 일보다 귀찮고 어려운 일들이 많기 때문일 수 있지요.
오죽하면 '눈과의 전쟁'이라는 말까지 생겼을까요?

옛날 시골에서 함박눈이 펑펑 내리고 나면
소나무 휘휘 늘어진 뒷산에서 가지 부러지는 소리가 들리고
햇살의 눈 부심 속에서 참새의 지저귐이 찬란하고
토끼몰이를 준비하는 어른들의 두런거림 속에서
기대감으로 한껏 부풀었던 시절이 있었습니다.

자연이 선사해준 모든 것이 감사함이고 기쁨이며 즐거움이었던 시절
멈추어선 시간 속에서 이웃의 따뜻함이 존재했던 시절
서로가 관심의 대상이었고
먹을거리는 늘 부족했지만 결코 사랑에는 굶주리지 않았던 그 시절이
문득문득 그리워집니다.

책을 펴내며...

앙상한 가지 사이로 야윈 햇살이 머무는 겨울
세모가 되면 저물어가는 세월에 나이테를 하나 더 얹게 됩니다.
이순(耳順)을 바라보는 나이가 되니 세월의 무게가 깊은 울림으로 다가옵니다.

이 짧은 글은 인생의 공터를 메우는 작은 노력의 결과입니다.
그냥 세상 사는 이야기를 함께 공유했을 뿐인데 자료가 쌓이고 나니 버리기가 아까워 한 권의 책으로 묶는 욕심을 부렸습니다.

못생긴 나무가 산을 지킨다고 했습니다.

이 작은 책 안에는 그저 시시껍적하고 우수마발(牛溲馬勃)과 같은 내용이 주제의 일관성 없이 들어 있습니다.

그날그날의 짧은 생각들을 글로 옮겨 놓았기 때문이지요.

편안한 일상의 글들이 공감하는 독자들에게 마음의 고요함을 줄 수 있다면 지나친 욕심에 조금이나마 위로가 될 것 같습니다.

아울러 이 책이 나오기까지 카페에서 힘을 실어주신 독자들과 단지 얼굴을 알고 지낸다는 이유 하나만으로 꼼꼼하게 교정을 봐주신 백선옥 선생님과 부스스한 원고를 차지게 다듬어주신 생각나눔 식구들에게 감사의 말씀을 드립니다.

丙申年 立冬之節 如如堂에서 靑蓑 鄭雲福